JN237090

断捨離

私らしい生き方のすすめ

片づけすれば自分が見える　好きになる

やましたひでこ 序文
川畑のぶこ 著

同文舘出版

序文

　それを偶然というのか、必然と呼ぶのかは、定かでないけれど、川畑のぶこ女史との出逢いは、まさに、ごきげんなそれ。

　それから、驚くほど不思議な巡り合わせが、幾重にもかさなり、断捨離の本が、誕生することに。

　出逢った年の終わりには、２人ともが、同時に、断捨離の本を書くことになろうとは、想像すらしなかった出来事。

　いいえ、心のどこかで、これから起こり得ることを、２人とも、予測していたのかもれません。なぜなら、私たちの断捨離への互いの確信は、半端なものではなかったから。

　あれから１年。

　断捨離の輪は、素晴らしい勢いで広がり、断捨離を実践する人「ダンシャリアン」なる言葉までもが生まれ、仲間入りをしてくれる方々が続々と増え続けています。

　断捨離「伝道師」のぶこ女史も、断捨離「言いだしっぺ」の私やましたも、全国から寄せられる皆様の体験や感想、人生の変化を喜ぶ声に、いっぱいの嬉しさをかみしめる日々。

　この本は、のぶこ女史の本業である心理療法の観点から、自身のさらに発展した断捨離体験を踏まえながら、心理面からモノと心との関係を深く捉えたものです。

　感謝をこめて、この、のぶこ女史の新しい本を、皆さんのお手元に贈ります。どうぞ、断捨離をさらなる高みで、愉しんでいただけますようにと。

　　　　　　　　　　　日々是ごきげん、今からここからスタート
　　　　　　　　　　　やましたひでこ

著者
川畑のぶこの自宅

リビングのソファーの上にはクッションだけ、ダイニングテーブルにはろうそくだけ。お気に入りの観葉植物は絞り込んで配置。光が降り注ぎ、風が吹きぬける部屋。

水平面にモノを置かないようにすると、部屋全体がスッキリして見える。

キッチンの見えるところに置いているのは、炊飯器、調味料、お気に入りの観葉植物だけ。

引き出しの中のカトラリーは、2人が使う数だけ。

バスルームのラックに、バスタオル3枚、ハンドタオル3枚。2人暮らしに必要な量、そしてお気に入りのタオルだけを置いています。

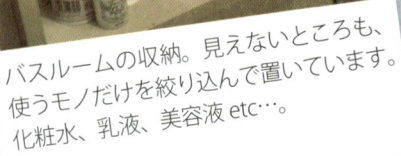

バスルームの収納。見えないところも、使うモノだけを絞り込んで置いています。化粧水、乳液、美容液 etc…。

戸棚の中の食器はこれで全部。ほとんどは、陶芸家のいとこに依頼してつくってもらった、お気に入りの食器です。使うだけの量なら、出し入れもスムース。

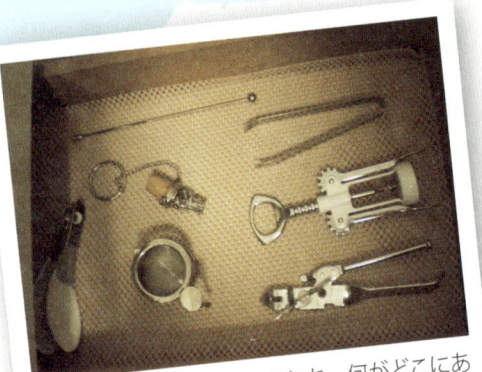

キッチンの引き出しの道具たち。何がどこにあるか、ひと目でわかると迷わない。ストレスなく、気持ちよくモノとつき合える。

流しの下も、使うモノだけ。可燃ごみ、不燃ごみ、ごみ袋だけを置いて、詰め込まない。見えないところでも、隙間があれば使いやすい。

断捨離をして、心地よい空間を手に入れた後に買ったのは、ベランダに置くガーデンテーブルとチェア。休日にパートナーと2人、外の空気を吸いながら朝食を楽しんでいます。

はじめに

　『断捨離のすすめ』の発行から1年、断捨離の輪は瞬く間に日本全国に広がりました。

　東京で定期的に主催している断捨離セミナーは、開催告知をすると間もなく満席になり、多くの方がキャンセル待ちをされる状態が続いています。

　取材や講演の依頼が矢継ぎ早に入るなど、あらためて、断捨離が今、多くの方から求められていることを知るに至りました。

　日本全国のダンシャリアン（断捨離実践者）から喜びの声が次々と届き、断捨離の提唱者やましたひでこさんと喜びを分かち合っています。

　そんな中、第2弾のリクエストを方々よりいただくようになりました。今回はありがたくも、そんなリクエストに応えるかたちでの執筆となりました。

　ただし、リクエストをいただけること自体は喜ばしいのですが、裏を返せば、前著ではまだ足りない点があるという声でもあるかと思います。

　私たちのモノへの執着は強く、それらを手放すのはなかなか困難だということでしょう。今回は、これまでのセミナーでご縁のあったダンシャリアンたちから寄せられた知恵を盛り込んでいるほか、疑問の声を反映させた内容にするために、私の本

業である心理療法的なアプローチをふんだんに取り入れ、さまざまなケースも織り交ぜて、モノと心の関係をより一層深く探究していきたいと思います。もちろん、これから断捨離をはじめる方にとっても、「断捨離ってどういうもの？」という点がよりわかりやすく、そして取り組みやすくなるポイントをお伝えしていきます。

　かくいう私もまだ断捨離２年生。皆さんに対して何がしかの教えを説くなど、おこがましいことです。本書で提供されている内容は、あくまでもひとつの可能性の提案であって、その分かち合いの場であること、必ずしも絶対的な正解ではないということをお知りおきください。

　「これは私には合わないな」と思われる部分は、どうぞどんどん断捨離してください。「これはいいな」と思える部分はどんどん活用なさってください。断捨離にはそれぞれに正解があります。そして、それぞれの正解を見つけていくことこそが断捨離の意義でしょう。

　私自身の断捨離も、いまだに行きつ戻りつしながら精進の日々です。たったひとつのボールペンを捨てるにも、たった１足の靴下を捨てるにも、いまだに悩み苦しんでいます。
　いえ、むしろ断捨離をはじめたからこそ、モノを捨てる苦しみは強くなったように思います。

　断捨離をはじめたことで、人生で初めてボールペン１本を使い切りました。絞りに絞って、選び抜かれ、サバイバー（生き

残り）となったお気に入りのボールペンを使い切ったときの喜びといったら、筆舌に尽くしがたいものがあります。同じようにボールペンを使い切ったダンシャリアンの仕事仲間と万歳して喜び合いました。

　お気に入りの靴下1足が摩耗して、ついには洗ってもとれない汚れがついてしまい、惜しみながら「ありがとう。さようなら」と頬ずりしてゴミ箱へ捨てる——傍らから見たら、さぞ異様な光景でしょう。ところがダンシャリアンの間では、珍しい光景ではないのです。

　モノへの執着を手放すと、モノに対する慈しみの念が自然と湧いてきます。きちんと使い切れないモノは、ムダに取り入れることがなくなるのです。

　このようなサイクルが世界に広がっていったなら、人々の苦しみも地球の痛みも軽くなるのでは……想像すると胸がときめくのです。

片づけすれば自分が見える 好きになる
断捨離 私らしい生き方のすすめ
CONTENTS

序文 ……… 001

はじめに ……… 008

Part 1
断捨離は
心地よく過ごすためのプロセス

断捨離 その後の大きな変化 ……… 018

片づけるには適正量までモノを絞り込む ……… 024

「モノが溢れる理由」「捨てられない理由」……… 026

捨てる基準は「今の自分」……… 028

モノを意識して、スタメンだけに囲まれる ……… 030

モチベーションを維持するための 断捨離実践ＳＴＥＰ ……… 032

「捨てる」ことはあくまでもプロセス ……… 038

断捨離はエコ？　エコじゃない？ ……… 042

「コレクション」と「溜め込み」を区別する ……… 046

モノと心のストーリー1
風水・運気グッズに凝ってしまう心理 その1 ……… 052

Part 2
モノを通して自分を知る

「セルフイメージ以上のモノ」は使えない ……… 056

セルフイメージは本当に正しい？ ……… 059

どんなことに喜びを感じる？ ……… 062

　喜びリストをつくるエクササイズ ……… 065

なりたい自分をイメージする ……… 066

　セルフイメージを描くエクササイズ ……… 069

　セルフイメージを強化するエクササイズ ……… 070

モノと心のストーリー2
　風水・運気グッズに凝ってしまう心理 その2 ……… 072

Part 3
モノを通して思い込みを知る

モノと心はつながっている ……… 078

自分の感情のパターンを知る ……… 082

それは「自分を幸せにしてくれる考え方」かを考える ……… 086

　健全思考になるためのエクササイズ ……… 088

手放せないときの「5つの質問」……… 090

行き過ぎたポジティブ思考に注意！ ……… 095

モノと心のストーリー3
　片方だけの靴下と恋愛観 ……… 098

「失敗してはいけない」という思い込みを手放す ……… 102

「後悔したらどうするの?」という不安を手放す ……… 106

執着心に気づく ……… 110

「いい人でいなければならない」という思い込みを捨てる ……… 114

変化に柔軟に対応する ……… 118

モノと心のストーリー4
昔の彼の名前のぬいぐるみ ……… 120

Part 4
モノを通して人間関係を考える

「捨てる」ことは問題に気づくこと ……… 126

人からのもらいモノをどうする？ ……… 130

大切にすべき人からのもらいモノ ……… 134

家族のモノで片づかない！ ……… 139

上手に伝えるコミュニケーション ……… 144

コミュニケーションの4つのステップ ……… 146

パーソナルスペースを意識する ……… 148

子供のモノはどうすればいいの？ ……… 152

思い出のつまった遺品はどうすればいいの？ ……… 156

モノと心のストーリー5
　器が足りない その1 ……… 162

Part 5
どんなこと・どんな変化にも対応できる自分になる

断捨離で、凛とした人になれる ……… 166

断捨離で、自分に正直になれる ……… 169

自分軸がわかると他人軸がわかる ……… 172

運をひらける自分になる ……… 176

離れてはじめてわかること ……… 180

モノより経験を ……… 182

モノと心のストーリー6
　器が足りない その2 ……… 186

おわりに ……… 190

付録 ……… 193

カバーデザイン　新田由起子（ムーブ）
本文DTP　川野有佐（ムーブ）
イラスト　福々ちえ

Part 1

断捨離は心地よく
過ごすためのプロセス

断捨離
その後の大きな変化

　前著、『断捨離のすすめ』の冒頭に「断捨離で得られる10の変化」をご紹介しましたが、月日が経ったことで、さらに、私自身に起こった大切な変化がいくつかあります。

　まずは、モノを探す時間がなくなった（＝モノがなくならなくなった）こと。

　断捨離セミナーでは受講者の方に自己紹介をしてもらいますが、ここで必ずといってよいほど「モノがすぐになくなる」「モノを探す時間や、モノを探さなくちゃと思っている時間が日常の多くを占めている」というコメントがあがります。

　受講者の声に耳を傾けながら、「そういえば私もそうだったなぁ」と感慨深く振り返ったものです。

　そして、断捨離を始めてから1年半、はたして自分がモノを探した時間はどれくらいかを考えてみたところ、それが実に1時間にも満たないのでした。もしかしたら、30分にも満たないかもしれません。

　というより、部屋でモノを探した記憶がないのです。これには自分でも驚きました。それまでは毎日「あれはどこにいったっけ」と一度は考え、数分から十数分、ときには数十分も探しものをしていたのですから。

　控え目にみて、モノ探しに1日3分を費やしたとしても、1年で計算すると、18時間になります。

ということは、1年のうち、まる1日がモノを探す日で奪われてしまうという計算です。
　5〜6分がモノ探しに奪われるなら、それは2日となり、1年のうちのひとつの週末がまるまるつぶれることになります。

　これは実にもったいないことです。これまでいかにモノ探しに時間とエネルギーを奪われていたかをあらためて認識し、そこから解放された自分を誇りに思うのでした。

　「自分が探し求めているものは、いつもなかなか見つからず、手に入らない」——この状態は知らず知らずのうちに、無意識にも働きかけていたのでしょう。「どうせなかなか手に入らないに決まっている」と。

　そのような状態から
　「自分が探し求めているものは常に見つかり、簡単に手に入れられる」
　という状態に変化していたのです。

　それが、私が人生に求めている真に大切なものも、あれよあれよという間に簡単に手に入るようになりました。

この間、私は、人生で比較的大きな出来事といえる引っ越しも体験しました。引っ越しの数週間前から家族や知人たちから「もう引っ越し準備は終わったの？　手伝おうか？」と尋ねられますが、いつも答えはＮＯでした。
　１週間前でも、３日前でも答えは一緒。結果、引っ越し業者が来る前夜に作業をしたのですが、１時間ほどで眠くなってしまい、就寝。そして引っ越し当日、業者が来る２時間前から作業を開始して、これですべての引っ越し準備が整いました。不要なモノがないと移動がラクです。
　「あんなところに住みたいな」──人生の移動も３時間で実行できる自由さを得ました。

そして何にも増して大きな変化は、私にとって最も難易度の高かった、人生の伴侶を得たということです。
　かつての私の居住空間は、口では「いつでも誰でもどうぞ」といいながらも、実際には
　「いつでも誰でも入って来られちゃ、かなり困るんだよね」
　「来てもいいけど、期間限定ね」
　「いる場所、見ていい場所は限定ね」
　という状態でした。
　大切な人なら本当にいつでも誰でも歓迎したいと思っているのに、現実がともなわない場に身を置いていたのです。
　「基本的に誰に来られても困る」「ガス点検のおじさんですら困る」のですから、「勝負相手ならなおさら困る！」のはいうまでもありません。

　それが、断捨離をしたことで「いつ誰が訪れてもよい」場が整えられました。そして「いつ誰に、どこから見られてもよい私」になれました。意識と無意識が合致したとたん、まるで天から降ってきたかの如く、パートナーは現われました。

私がはじめてやましたひでこさんと出会ったときもそうでしたが、不思議なのは、互いに合った瞬間から「昔から知っていた」感覚になったということ。

　実は、前述の引っ越しとは、パートナーと２人で新しい生活を始めるためのものでした。出会ってから２ヶ月後の引っ越しでした。
　すべてはラクラク・スムースに訪れ、どんどん広がる断捨離の輪は、ついに私の左手薬指に透明に輝く輪をもたらしました。

　自分が身を置く場の通りがスムースになると、どうやら人生の通りがスムースになるようです。

　自由自在な空間を手に入れ、欲しいものをラクに手に入れるプロセスを日々踏んでゆくうちに、それに則したセルフイメージ（自己像）が創り上げられていったのでしょう。
　つまり、「私は欲しいものを簡単に手に入れてよい」「私は簡単に幸せになってよい」と、真に自分自身に許可を下ろすことができたのだと思います。

　不要・不適・不快なモノで埋まっていた身の周りを空っぽにすると、ゆとりある人生の隙間に、真に大切なものが舞い込んでくるようです。

断捨離で得られた12の変化

① 部屋が片づき空間にゆとりが生まれた

② 掃除をまめにするようになった

③ ムダ遣いをしなくなった

④ 人間関係が良好になった

⑤ 仕事の効率が上がった

⑥ 洗濯・掃除など家事をマメにやるようになった

⑦ 健康面が改善された

⑧ 自分が好きになった

⑨ 以心伝心しやすくなった

⑩ 望ましい結果を引き寄せやすくなった

⑪ モノを探す時間が激減した

⑫ 自分自身のパターンがわかり、問題解決が早くなった

断捨離ってどんなもの？
片づけるには適正量までモノを絞り込む

　片づけても、片づけても、片づかない。家中にモノが溢れている。でも、片づけたい。
　断捨離は、そんな方にお勧めのメソッドで、提唱者のやましたひでこさんが、ヨガの行法哲学「断行・捨行・離行」を片づけに落とし込んだものです。

① 捨てる（身の回りの不要・不適・不快なモノを捨てる、または人に譲る・リサイクルするなど）
② 断つ（不要・不適・不快なモノを取り入れない、もらわない）
③ 離れる（「捨てる」「断つ」を繰り返すことで、モノへの執着から離れる）

　この、断・捨・離を意識し、行なうことによって、ゆとりある人生を送るためのメソッドです。
　そもそも、私たちがなぜ片づけに悩まされるのかといえば、片づける能力がないからではなく、あまりに多くのモノに囲まれているからです。私たちの家には、驚くほど多くの「使わない」モノが溢れています。
　いつか着るかもしれない洋服、引き出物でもらった（けれど、使わない）食器、いつの間にか溜まっていたスーパーの袋や割

り箸。そんな、「使えるけれど、使わないモノ」が溢れているのです。

生きている以上、モノは際限なく、私たちの家に流れ込んできます。大量に入ってくるのに、出口がない（＝捨てられない）、あるいは、流入してくる量に比べて、出口が圧倒的に狭いのです。やがて、自分が使う量、管理できる適正量を超えてしまい、コントロールできなくなってしまいます。

「片づけても片づけても、片づかない……」、これは、私たちが「片づけられないダメな人間」なのではなく、そもそも、モノの量が多すぎて、適正量を超えてしまったことが問題なのです。

また、「片づけ」と「収納」「掃除」を混同していることも、片づかない理由といえます。
片づけとは、モノを絞り込むことです。モノの絶対量が減らない以上、「収納」「掃除」はなかなか機能しないでしょう。

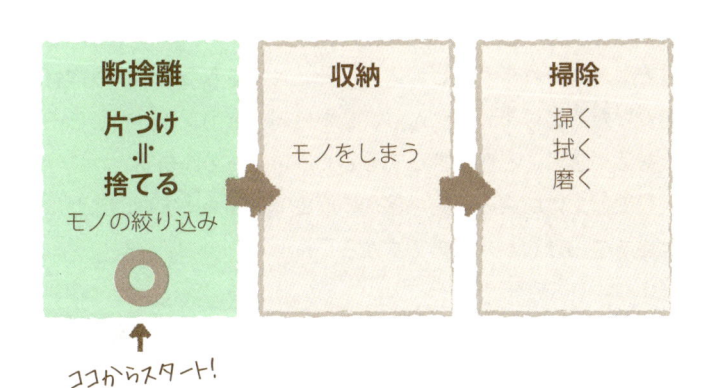

| 断捨離 片づけ ∥ 捨てる モノの絞り込み ◎ ↑ ココからスタート！ | → | 収納 モノをしまう | → | 掃除 掃く 拭く 磨く |

「モノが溢れる理由」
「捨てられない理由」

　モノを捨てる・手放すのは、簡単なことではありません。
　私たちは数多くの「捨てられない理由」「断つことができない理由」に縛られています。

　「もったいない」から、「捨ててはいけない」と教えられてきたから、「いつか」「もしかしたら」使うかもしれないから、高かったから、人からもらったモノだから、思い出のモノだから……。さらには、「タダだったから」「安かったから」という理由で、必要ではないモノ、欲しくなかったモノをもらったり、買ったりしがちです。
　ただ、これは仕方のないことです。どのようにモノと向き合ったらよいか、教えられてこなかったのですから。
　私たちがモノを溜め込んだのは、能力がなかったからではありません。これまで、どのようにモノとつき合うかという教育を受けたことはありませんし、私たちの社会や文化はむしろモノを溜め込むことを後押しするしくみになっています。なにせ、人類の歴史は飢餓の歴史＝保存の歴史で、溜め込まないことには生きていけなかったのですから。

　ところが、これらの価値観は本当に正しいのか？　もう一度考えてみましょう。

捨てられないのはなぜ？

「もったいない」から

「もったいない」は本来モノを慈しむための言葉です。家の中にあっても大切に使われず、スペース（収納コスト）をムダ遣いしているなら、そのほうがもったいない。「もったいない」は取り入れるときに考えるべきこと。

「捨ててはいけない」と教えられてきたから

モノに乏しい時代の価値観で、モノが溢れる現代には当てはまらない教育（むしろ、モノを取り入れない教育が必要）。

「いつか」「もしかしたら」使うかもしれないから

過去に考えた「いつか」は訪れたか？　未来は誰にもわからないし、「いつか」「もしも」は大抵訪れないもの。不確実な未来のために「今」を犠牲にしないように。

高かったから

使わない限り、維持管理するほうがコストが高くつく場合があります。「高かったモノなのに使っていない」という罪悪感を今後も持ち続けるのは、メンタル面に悪影響を及ぼします。

人からもらったモノだから

モノとそれをくれた人は別で、モノそのものより、モノに託された気持ちがより大事。もらった時点で「やりとり」は完結していて、くれた人もその後覚えているとは限らない。

思い出のモノだから

モノに触れると心がときめくか？（今、役立つモノか？）モノ自体より、思い出そのものが大事。思い出は心の中に留めておけばよい。大切な思い出は魂に刻まれている。

断捨離ってどんなもの？
捨てる基準は「今の自分」

　モノを絞り込んでいくときの基準は、「今の・自分」が「使うか・使わないか」です。「使えるか・使えないか」ではありません。

　×　過去に使っていた
　×　いつか使うかもしれない
　×　まだ使えるから
　×　高かったから

　これらは、過去の執着や未来の不安、そしてモノに軸を合わせています。

　「使う・使わない」とは、今の自分にとって必要か、適切か、快適か、今の自分にとって不要か、不適か、不快か、という観点で捉えます。

　この点で、断捨離はいわゆる収納とは異なります。図にもあるように、収納の軸は「モノ」、断捨離の軸は「自分」です。

　モノで溢れかえった部屋を整頓するには、自分が管理できる量、本当に必要な量、使っているモノに絞り込まないことには、「片づけ」はいつまでたっても大変な作業になるでしょう。

■収納は「モノ」が軸、断捨離は「自分」が軸

収納		断捨離
保存 そのまま inactive	前提	代謝 いれかえ active
モノ	主役	私
物質 もったいない 使用可能	重要軸	感性 ふさわしい 必要・適切・快適
過去・未来 かつて・いつか・そのうち	時間軸	現在 いま
回避	意識	選択・決断
多	手間	少
要	技術	不要
要	場所	不要
要	収納グッズ	不要

© クラターコンサルタント　やましたひでこ

断捨離ってどんなもの？
モノを意識して、スタメンだけに囲まれる

　断捨離は、これまで無自覚だったことを自覚し、よりよい人生のための選択をしていくプロセスです。無自覚にモノを溜め込んできた自分に気づいて、それらのモノが本当に自分に必要なのか？　俯瞰的にモノを見ながら取捨選択をする識別眼＝断捨離アイを培うプロセスといえるでしょう。

　人生をスポーツにたとえてみると、わかりやすいかもしれません。スポーツゲームで望む結果（試合に勝つ）を出すには、どうしたらいいでしょうか。

　答えは簡単です。スターティングメンバー（1軍）を揃えることです。もちろん、スタメンに何かがあったときのために2軍が必要かもしれません。ところが3軍、4軍、ましてや5軍まで必要でしょうか？

　私たちの「人生におけるスタメン」は、だいたい決まっているものです。それがモノであれ、人であれ、ことであれ。

　お気に入りのモノというのは少量で、それらは使いやすく、失敗が少ないので、しょっちゅう活躍します。私の周りの多くのダンシャリアンは、「家のモノの6〜7割は使わないモノだった」といいます。スタメンは2〜3割ほどしかいない、逆に、「2〜3割あればいける」ということを意味します。

　これは人生のあらゆる面に適用できることでしょう。

スタメンだけに囲まれた人生は非常にスムースで、混乱がなく、シンプルなのです。

クラス	状態	グレード	モノとの関係
断捨離前	**ゴミ置場** モノが大量・滞積	分別	**モノが主役** モノの量・質に無自覚
ベイシック	**物置** モノが過多・雑然	分類	**関係を問い直す** モノの量・質に意識が向く 要・不要を判断する 捨てる迷いと向き合う
アドバンス	**住まい** モノが適量・整頓	選択	**自分が主役となる** モノの要・不要の判断が早い もったいないを言い訳にしない おもいきりが身につく
マスター	**自在空間** モノが必要最低限・機能美	厳選	**モノと仲よしになる** 厳選して、取り込む モノを使いこなす、使い切る 捨てるモノが最小限になる 満足と清々しさを味わう

© クラターコンサルタント　やましたひでこ

モチベーションを維持するための 断捨離実践STEP

断捨離の進め方に正解はなく、「手をつけたい所からつける」が基本ですが、あまりにも部屋や頭が混乱してしまった場合、ある程度のガイドラインがあるとより効果的だと思いますので、ここにひとつの方法をご紹介します。

①ご褒美を準備する

「この引き出しを断捨離したら、お気に入りのお茶を飲む」「この部屋の片づけが終わったら映画を観に行く」など、達成ラインを決めて、その都度、自分自身にご褒美をあげる。

②簡単なところから、一歩ずつ

なんとなく手をつけたのが「難易度の高いところ」だった場合、「やっぱり無理だ」と諦めてしまうことが少なくありません。「難易度の高いところ」とは人によって異なりますが、私の場合は「書籍」でした。これは、私の知識に対するコンプレックスとも関連しています。

まずは難易度の低いところから（比較的手放しやすいモノから）手をつける、そして一気にすべてを片づけようと思わずに、徐々に少しずつ、一歩ずつの精神で取り組んでみましょう。

NG すべて一気にやろうとする
NG むずかしいところから手をつけようとする

③「見える」ところから

どんな人でも、「目に見えるもの」に強く影響されるものですから、目に見えるところからはじめて、成果をすぐに確認できたなら、モチベーションが高まりやすく、スムースに断捨離するのに役立つでしょうし、人からの評価も得やすいです。

OK　リビングルーム

家族が集い、家族の目につきやすい場所、つまり、「評価を得やすい」場所

OK　テーブルや床の上

水平面からモノがなくなれば、かなりすっきりして、視覚的にも大きなインパクトを与える

OK　玄関

個人のモノが少ないことが多いので、手をつけやすい場所

NG　押し入れやクローゼットの中・タンスや引き出しの中・物置

成果が目に見えにくいだけでなく、「まだ片づいていない目に見えるスペース」を、奥から出てきたガラクタで埋め尽くすことになってしまい、一時的に、やればやるほど部屋が汚く散らかってしまいがち。ただし、目に見える場所がすでに片づいているなら手をつけてOK！

④機能を取り戻す

見えるところの次に優先したいのは、椅子、ソファ、ベッド、テーブル、デスク、キッチンカウンターなど「日常生活を機能させるのに直接的に関係のある場所」です。こういった場所を、「物置」ではなく、きちんと本来の機能を果たせる状態にしてみましょう。

OK　椅子を座れる状態にする
OK　ベッド全体を寝られる状態にする

どちらもモノを置くための場所ではなく、モノが本来の役割

を果たして機能している、役立っているという状態にする

NG　3人掛けのソファでも、「2人座れれば十分」と、1人分はモノを置きっぱなしにする
NG　食事をするとき、ダイニングテーブルの上に書類や雑誌、文具など食事と関係ないモノがある

◆　　◆　　◆

　私の友人Tさんのリビングルームのソファの上には、いつも洗濯物やその日に使ったバッグ、または行き場が決定していないモノが一時的に置かれていて、人の座るスペースはありませんでした。そもそも、Tさん家族が主に集う場所は、明るいダイニングルームの大きなテーブルなので、ソファを使うことは滅多にありません。

　ソファが機能を果たしていないだけでなく、本来この家では必要すらなかったということです。「リビングルームにはテーブルとソファがあるものだ」という思い込みから、形式的にソファが置かれていたのです。

　Tさん一家にとって、リビングルームは健康器具などでエクササイズをしたり、飼い犬と戯れたりしてアクティブに動く場だったので、ソファはむしろその活動の邪魔をしていました。その結果、モノを溜め込むだけのモノ置き場なってしまったわけです。「それなら、ソファは必要ない」ということに気づいて、ソファ自体を断捨離しました。

⑤ 場所を限定する

　家の散らかり度合いが高いほど、「一気に全部を綺麗にしたい！」と感じるかもしれませんが、一度に片づける場所はでき

るだけ限定しましょう。

大きい範囲に一度に手をつけると、一時的にひどい散らかり具合になることが多く、一息ついたときにその部屋の散らかり具合を目にして、モチベーションが一気に下がってしまう可能性があるからです。簡単で、目に見えて、着実に結果のでる行動をとりましょう。

手をつける部屋を決めたなら、その部屋の一部を集中的に断捨離します。

たとえば、リビングルームでも「ソファの上」と決めたら、ソファが終わるまでソファを離れないこと。ソファにモノが溢れているなら、それを２〜３分割するのもひとつの手です。

床を片づける場合、床全部だとモノが多すぎるなら、たとえば「今日は１畳だけ」と決めます。そしてその１畳を終えるまで、他の場所には手をつけません。エリアを細かく分けるほど、断捨離しやすくなります。

NG 一ヶ所手をつけた→そこにあったモノを別な部屋や場所に戻すのに移動→今度は移動した先を片づけはじめる→そこからまた別なモノが見つかる→また別な部屋へ移動する

あちこち手をつけてしまうと、どこも中途半端になって、いつまでたっても終わりません。

片づけはじめる前に、決めた場所の「ビフォー」の写真を撮ります。後ほど、片づけ後に「アフター」の写真を撮りますが、これは自分の成果を目で見ることで、モチベーションを上げる

のに有効です。また、思い出を「モノで取っておく」のではなく「写真で撮っておく」ことができます。

OK 場所を決めたら、そこを終えるまで動かない
OK その場所の「ビフォーの写真」を撮る
NG できている部分に目を向けず、できていない部分ばかりに目を向ける
NG できることより、できない理由を探す

⑥ 3つの箱でモノを分ける

　3つの箱を用意して、「取」「捨」「迷」とマジックで書いてそれぞれに仕分けます（箱がない場合は袋やカゴで代用OK！）。

⑦「取」を元の場所へ戻す

　家の中の断捨離したい場所すべてが終わったら、「取」の箱（袋・カゴ）に入っているモノをそれぞれの本来あるべき場所に戻します。このとき、家全体を終えずに各部屋や場所に戻しはじめると、「まだモノが多い場所」に戻すことになってしまうことがあり、二度手間になります（ダイニングにあった本や書類を、まだ片づいていない書斎に戻すなど）。断捨離をしていくうちに、識別眼（断捨離アイ）が磨かれて、最初は「取っておいたモノ」でも、後になってみると、「なんでこんなモノを取っておこうと思ったのだろう」と、「取」が「捨」に変わっていることもよくあります。

⑧「アフター」の写真を撮る

　自分の成果を客観的に見て認める（褒める）。

Part 1 断捨離は心地よく過ごすためのプロセス

「取」の箱の中のモノを本来置くべき場所に戻したくなったり、「捨」の箱の中のモノを、外のゴミ箱に捨てにいったり、リサイクルの手配をしたり、あげる友人に連絡をとったりしたくなっても、家全体の片づけが完了したあとに、まとめて戻す、処分する。

「取」 取っておくモノ(今の自分に必要で、適切で、快適なモノ)を入れる

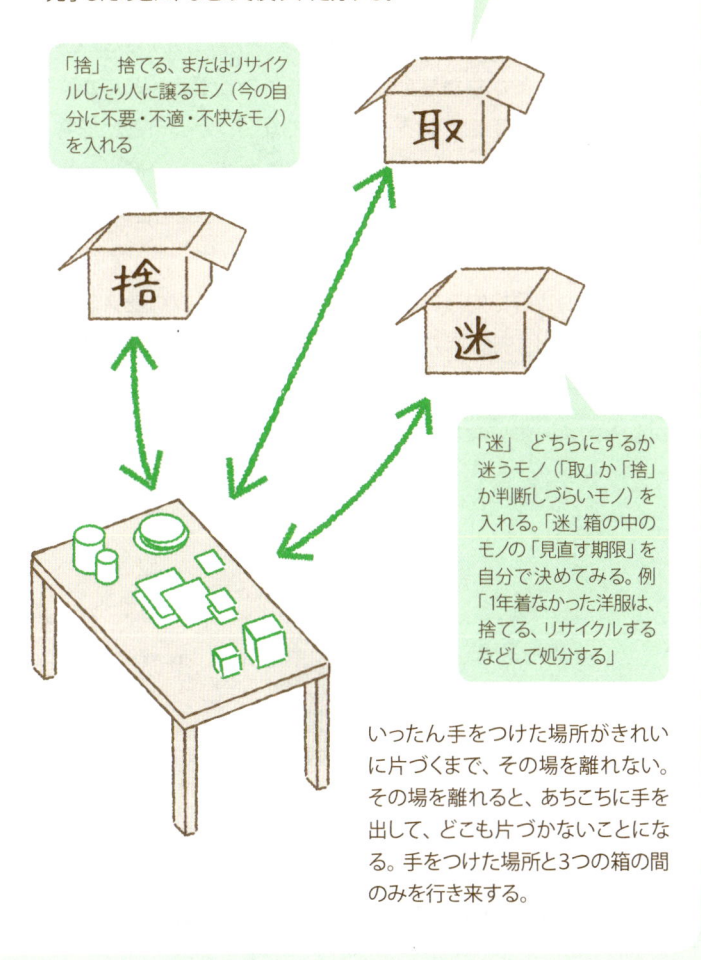

「捨」 捨てる、またはリサイクルしたり人に譲るモノ(今の自分に不要・不適・不快なモノ)を入れる

「迷」 どちらにするか迷うモノ(「取」か「捨」か判断しづらいモノ)を入れる。「迷」箱の中のモノの「見直す期限」を自分で決めてみる。例「1年着なかった洋服は、捨てる、リサイクルするなどして処分する」

いったん手をつけた場所がきれいに片づくまで、その場を離れない。その場を離れると、あちこちに手を出して、どこも片づかないことになる。手をつけた場所と3つの箱の間のみを行き来する。

「捨てる」ことは
あくまでもプロセス

　多くのダンシャリアン（断捨離実践者）や断捨離に興味がある方々とのやりとりを通じて、ひとつ、断捨離が大きな誤解を生みやすいことがわかりました。それは断捨離を「とにかく捨てればいい」と考えている人が少なくない、ということです。

　もちろん、不要・不適・不快なモノを捨てる、リサイクルしたり人にもらってもらうなどの手放すことは、断捨離ではとても重要な行為です。

　ただし、この捨てる行為自体はあくまでも「プロセス」であって、「目的」ではありません。これを、「なんでもかんでも捨てれば、みんなうまくいくんだな」と勘違いしてしまうケースが意外に多いようなのです。

九州のセミナーで、ある参加者の方が非常に興味深い話をしてくださいました。

　図書館に勤めていらっしゃるこの方の職場で、断捨離がにわかにブームとなったようです。図書館は本を保存する場所であって、さすがにそれらを捨てるわけにはいきませんから、少なくともオフィス周りを整えようということで、デスクや引き出しの中の不要・不適・不快なモノをみんなで一掃したそうです。また、これと並行して、皆さん自宅の断捨離もはじめられたそうです。

　その結果、実に不思議な偶然（本当は必然かもしれませんが）が起こります。

　これまで彼女たちの図書館には、何ヶ月も、あるいは何年も本を返さないままでブラックリストに載った人々がいました。それが、スタッフがオフィスの断捨離をした週に、ブラックリストに載った人々が次々に本の返却に訪れたというのです。過去の確率や統計ではあり得ない「シンクロニシティー（意味ある偶然）」に、スタッフ全員が狂喜乱舞したそうです。

ところが、それによって「捨てないとよいことが起きない」と誤った考えに陥ってしまいました。その結果、寝る間も惜しんで真夜中まで、そしてときには夜を徹してまで、まるでとり憑かれたかのようにモノを捨てはじめたといいます。

　これではあべこべです。手段と目的がひっくり返ってしまいました。
　断捨離は、使わないモノを取り除いて、生活を心地よくするためのもの、健康で安全で機能的にするためのものであるはずなのに、それらを犠牲にして、捨てることを目的にしてしまいました。睡眠不足は不健康を招くだけでなく、判断不足にもつながりますから、職場が機能不全に陥ったり、何かの事故にもつながりかねません。命や健康を削ってまで断捨離することに、まったく意味はありません。

Part 1 断捨離は心地よく過ごすためのプロセス

　断捨離は「儀式によって即物的なご利益をもたらす」といった類のものではありません。現実的にモノと向き合って、自分にとって必要か不必要かを考える、ひいては自分自身と向き合うプロセスです。

　これまでなんとなく避けてきた、でも実は人生にとって大切な課題に取り組むプロセスです。ここを履き違えないよう、気をつけたいものです。

断捨離はエコ？
エコじゃない？

　ある、エコ推進プロジェクトに携わる方が興味深い話をしてくださいました。この方は、家庭にある未使用のいただきもののシーツ等を再利用するワークショップを開催されていました。未使用のシーツを切って編んで、マットにするというワークショップがあるのだそうです。

　この話を聞いたときに、私は単純に「ああ、素晴らしいお仕事をされているな」と思いましたし、そのようにコメントしました。
　ところが、彼女は断捨離に出会ってから、「果たして自分のしていることは本当に正しいのだろうか」と、疑問を抱くようになったといいます。
　というのも、役立たないシーツが形を変えた結果、役立つマットになったのであれば、それは意義あることでエコ推進につながるのですが、どうも必ずしもそうではないようなのです。

そもそもマット自体が本当に必要とされているのであれば十分意義はありますが、そうとは限らず、吸水性などの機能で優れているかといえば、そうとも限らない。
　それでは、デザイン性に優れていて、人々の目を喜ばすものなのかといえば、やはりそうでもないらしいのです。

　要は、「全然使っていないモノも、形をかえればもしかしたら使うモノになるかもしれない。とりあえずマットにならできる」という発想から生まれたモノのようです。
　つまり、軸が「人」から「モノ」へぶれてしまった現象、といえるでしょう。

　これを聞いて、私は子供の頃に缶ジュースの空き缶や牛乳パックでペン立てをつくったことを思い出しました。今ならペットボトルがそれに代わるのかもしれません。

そういったものを夏休みの自由課題などで提出すると、おおむね高い評価がもらえるものです。なんだか自分が世の中に役立つ優秀な生徒になった気がして、どんどんつくります。気がつけば、家中がペン立てや小物入れだらけです。モノ入れがたくさんあるので、たくさんのモノが溜まります。そんなにペンや小物が必要かといえば、もちろん必要ではありません。

　「ニーズのなかったモノ」が、「ニーズのあるモノ」に変わったのなら、これは喜ばしいことですし、エコにもつながります。
　ところが、「ニーズのなかったモノ」が別の「ニーズのないモノ」に変わるのなら、問題解決ではなく、単なるごまかし、やはり、不要・不適・不快なモノはそこにあり続けることになってしまいます。

　このような流れから、エコ事業推進に携わるこの方は、「中途半端な取り組みは、ごまかしを助長するだけで、根本解決になっていないのではないか」と疑問に感じたというのです。

　「断捨離＝モノを捨てること＝エコではない」と捉えられることもあるようですが、本当のエコとは何でしょうか？

　私たちに必要なのは、使えないシーツをどう使うかを考えることよりも、使えないシーツを買ったり贈ったりする習慣やしくみ自体を考え直すことなのかもしれません。
　私たち一人ひとりが意識を変えて、「不要なモノは要りません」という健全な「断」の姿勢をもつことができたなら、次第に世の中の需要と供給のバランスがとれて、不要なモノが廻ら

ないしくみができることでしょう。

　クーラーの温度を上げて、温暖化を防ぐというエコもよいでしょう。ただ、ここには暑さを我慢するという肉体的な負担があります。自然に誘われるのではなく、無理をして行なわれる行為です。

　そうではなく、要らないものを断って、家がすっきりしたなら、風通しはよくなります。私は都内のマンションに住んでいますが、去年の夏は、二度、お客さんが来たときだけクーラーをつけた以外はクーラーなしで過ごしました。
　玄関とベランダの戸を開けると風が吹き抜けるということに気づいたのです。
　それまでは散らかった部屋を晒したくないので、窓を閉め切っていたのに、今ではクーラーの温度を上げるどころか、クーラーをつけないことに無理はありませんでした。

　また、肉体的な不快感を無理に我慢してクーラーの温度を上げることよりも、使わないシーツや使わないプラスチック容器などを生産するために工場から大量に排出される熱を止めるほうが、よほど効率がよいかもしれません。
　再利用も大切ですが、その前に、まずは世の中に出回るモノが適切な量にまで絞り込まれる必要があるでしょう。

「コレクション」と 「溜め込み」を区別する

　モノを「溜め込む」ことと「コレクション」することは、まったく別なことです。ところが、これを混同してしまって、自分の溜め込んだモノをコレクションと呼び、それらを手放さないことを正当化してしまうことがあります。

　たとえば、断捨離をしている途中で捨てにくいモノ、手放しづらいモノが出てくると「これは集めてるから」といって、「本当に必要かどうか」を考えることを避けてしまうケースは、意外に多くあります。

　本当にコレクションしているモノならまったく問題はありませんが、自分の溜め込み癖を認めたくないために「コレクション」と正当化しているなら、時間が過ぎるほどに室内にガラクタが溜まっていき、生活しづらくなるのは目に見えています。

なかには、過去には本当にコレクションしていて楽しんでいたモノもあるかもしれません。ところが、今となっては旬がとっくに過ぎ、「終わった関係」になっているモノもあるでしょう。残念ながら、やはりそれらはガラクタです。

もちろん、だからといってそのコレクションに価値がなかったわけではありません。かつては、きちんと「生きた関係」でしっかりと価値はありました。
ただ、その価値はすでに自分の中で消化され、成長した今の自分にはもう必要のないモノだということです。よって、ムダではなく、今の自分に至るのに必要なプロセスだったということですから、決して自分自身を責める必要はありません。

また、コレクションは「収集している瞬間」が楽しいものです。集めていたモノすべてが揃ったときの達成感は、たまらないものがあるでしょう。ところが、いったん集めきってしまい、ある程度楽しんだ後は、放ったらかしにしてしまうことも少なくないはずです。もしそうなっているのなら、死んだ関係のモノはきちんと清算してあげることが大切でしょう。

　では、「ただの溜め込み」（＝不要・不適・不快なモノ）なのか、それとも「本当のコレクション」（＝必要・適切・快適なモノ）なのか、その違いはどのように現われるのでしょうか。

　アメリカの、溜め込みに関するある文献によると、自分の持っているモノが本当にコレクションなら、まずそれらを持っていることを誇りに思い、大切に保管したり、美しく飾ったりする、とされています。喜んで人に見せたいと思い、見た人々の感想にも耳を傾けるでしょう。
　コレクションは基本的に、それらのモノを見たり触れたりしているときに、心がときめきます。すなわち、生きた関係です。

反対に、それらが実際にはコレクションではなく溜め込んだガラクタの場合は、まずそれらを持っていることを恥ずかしいと思い、人に見られることには抵抗があるでしょう。

　ビンテージのジーンズは胸を張って人に見せたいし、人からの評価も欲しいでしょうが、あちらこちらの店でもらった紙袋や割り箸やチラシはどうでしょうか？
　溢れるレジ袋を、ブランド（店）ごとに分けて、綺麗にディスプレーする人は少ないのではないでしょうか。

私の友人Fさんは、100足以上持っている靴のほとんどを使っていませんでしたが、靴は芸術性が高く、コレクションだから捨てられないといいました。
　その気持ちはわかります。私も自分では買わないものの、ショーウィンドーにディスプレーされている靴を眺めて、しばしうっとりすることはあります。

　では、彼女の靴たちが、そのように下足箱にすべて綺麗に並べられ、扉を開ける度に、うっとりと幸せな気分で眺めているかと尋ねれば、そうではないといいます。店の靴箱に入ったまま、数年開けていないものもあるし、すでにどの箱に入っているかもわからない、埃をかぶったままのものも多いといいます。
　これらは、以前はたしかにコレクションだったかもしれませんが、今となってはコレクションとして生きた関係ではなく、埃・カビ・菌の温床です。
　Fさんはコレクションという名で自己正当化していることに気づき、気に入った数十足のみを残してあとは断捨離しました。

コレクション

- ☐ 所有していることを誇りに思う
- ☐ きちんと整理整頓・管理されている
- ☐ 触れているときに喜びを感じる
- ☐ 喜んで人に見せて、感想に耳を傾ける
- ☐ 収集家同士で情報交換をしたり集会に出席したりする
- ☐ それらのモノについて話したり分かち合ったりすることを楽しんでいる
- ☐ それらを集めるためにきちんと予算を組む
- ☐ モノがひとつ加わる度に充足感を覚える

溜め込み

- ☐ 所有していることに恥ずかしさを感じる
- ☐ 整理整頓・管理されておらず、あちらこちらに置かれている
- ☐ それらが生活空間を妨げることがある
- ☐ 人に見られたくない
- ☐ 集めるために情報収集や情報交換はしない
- ☐ それらについて人と話したり分かち合ったりすることを楽しむわけではない
- ☐ それらのモノのために予算や時間を組んで、計画的に集めているわけではない
- ☐ それらが増えても特に充足感はない(ときとして否定的な感情が生まれる)

コレクションのつもりで、ついつい溜め込んでしまっているガラクタの例

写真　本　服　靴　アクセサリー　新聞　雑誌　調味料

紙袋　レジ袋　袋もの　郵便物　クリップ　輪ゴム　ペン

パンフレット　チラシ　小道具……etc

※溜め込み性の人は、特に「タダのモノ」は必ずといっていいほど手に取ってしまい、それが「おひとつどうぞ」という意図で準備されていても、「いくつも」手に取る傾向があるようです

参考『Overcoming Compulsive Hoarding』(Fugen Neziroglu, Ph. D., etc)

モノと心のストーリー 1

風水・運気グッズに凝ってしまう心理　その1

「風水について、もっと詳しい説明が欲しい」

ときどき、このような感想が読者やセミナー受講者から寄せられます。「空間や場を整える」というと、風水関係の内容なのかと思って断捨離に興味を持たれる方も少なくないようです。

私自身は風水の専門家ではなく、特に風水を取り入れているわけではないので、風水についてここで詳細に語ることは控えますが、歴史も深く、学術体系が確立されているということは、有用で意義あることだと信じています。ですから、そのような質問やリクエストがあったときは、さまざまな風水専門書をひも解いてみて、縁を感じるもの、自分自身にしっくりくるものを選んで取り組まれることを勧めています。

ただ、風水に凝っている人の家が、本当に運気がよさそうな場であるかというと、私が何度か出くわしたシチュエーションでは、必ずしもそうではないのです。

片づいていないどころか、むしろガラクタや埃が堆積したスペースの四方八方に、赤や青や黄色の置物やその他の風水グッズが置かれたり貼られたり、ときには塩や石が並べられていることが少なくないのです。カラフルな置物や石は埃をかぶり、塩は白から灰色に変色していたりすることもあります。あちこちの神社のお守りや矢が飾られているケースもあります。やはり埃まみれであったり、クモの巣が張っていたりします。

風水という文字から私が受ける印象は、「風」も「水」も透明で流れるものであり、私たちを生かしてくれるもの、というものですが、その印象からはほど遠い、ギチギチで濁ったスペースです。

　そのような空間を目にするたびに、「ああ、いろいろと大変なんだろうな」と、私自身、人生に困難な時期は多々あったので、その気持ちや動機には強く共感します。ところが、実際問題として、その風水やお守りやお札が本当に効果を発揮しているかというと、この状態では大きな「クエスチョンマーク」が出てきてしまいます。

　健康や幸せを運ぶはずの開運グッズをどんなに部屋に並べていても、そこに埃や菌が溜まっていては病気の温床となり、健康と命を脅かし、不幸を招きます。
　ガラクタが堆積した場では、どんなに開運技術を駆使しても健康や幸せからは離れてしまうと思うのです。

　人の心は一般的に、目に見えないものよりも目に見えるものに強く影響を受ける傾向があります。そうであれば、風水を実践する前に、まずは目に見える部屋の散らかりを整えるほうが、私たちの心や健康、命によい影響を及ぼすのではないでしょうか。
　そもそも、「見えない」ことより、「見える」ことのほうが、私たちはコントロールしやすいので、そこから取り組んでみてはいかがでしょうか。

Part 2

モノを通して自分を知る

「セルフイメージ
以上のモノ」は使えない

　私がやましたひでこさんの断捨離セミナーの中で、「なるほどなぁ」と一番唸ったのは「人はセルフイメージ以上のモノは使えない」という言葉でした。
　つまり、「もったいないから使えない」モノに対して、「自分にはもったいないほどよいモノ」＝「自分はこれを使うのにふさわしくない人間」と心のどこかで感じている、ということです。

　たしかに、私の家にもいただきものの高級ブランドの食器や高級茶、高級美容液など、「いつか特別な日のために」と長い間、棚の中で眠っているものが多くありました。
　特別な日がときおり訪れるライフスタイルなら問題ないのですが、私の場合、そんな日はやってきません。そして高級茶や高級美容液の消費期限はむなしく過ぎていくのでした。

「モノは使ってこそ」なのに、薩摩切子グラスを使って壊したらもったいないから、とずっと使わずじまいでいました。
　代わりに自分は何を使うかといえば、量販店のセールで買ったグラスやファミリーレストランのポイントでもらった、いかにも安モノで、いつ壊れてもＯＫな食器などでした。

　つまり、自覚はしていないものの、心のどこかで、「私は高級食器を日常的に使う価値はない」と思い込んでいたのです。
　そして「大切に扱わなくてもよくて、いつ壊れてもＯＫなモノ」を取り揃えているのです。
　これは健全な考え方でしょうか？
　私が自分の人生に望むスタイルでしょうか？
　そうではありません。ところが、いかにも無自覚にこのような行動をとっていたのでした。モノとのかかわりは自分自身とのかかわりでもあり、自分自身のもてなし方がモノの扱い方にはっきりと現われていました。なんでもその辺にあるモノで適当に済ませる姿勢は、自分をぞんざいに扱うこと、大切にしないことに似ていました。

　断捨離セミナーに参加した私の友人が、興味深いことを報告していました。
　「どうせ自分は何を着たっておんなじ、気にせずなんでもその辺にあるものを適当に着たり、身につければいいや」と、雑然と堆積する服やカバンなどから、毎日ぱっと目についたものを適当に選んで着ていたけれども、それは自分自身と他人との関係に似ていることに気づいたそうです。
　「私なんてどんなふうに扱われてもかまわない」と、自尊心

が低くなっている状態が、彼女がこれまでおつき合いしてきた異性との間に現われていることに気づいたのです。

　たしかに、彼女は相手から多少の言葉の暴力を受けても、何ともないような顔をしてニコニコしているのでした。「私なら耐えられないなぁ」と周囲の友人らは異口同音に口にしましたが、それは彼女の個性で、受容的で穏やかな人間性、優しさからだと思っていました。
　ところが、彼女自身、本当は心の底では不快に感じていても、我慢して耐えていた、むしろ、感じないように努めていた、自分自身を麻痺させていたことに気づいたといいます。

　これは不快に感じるモノが部屋に溜まっていても、無自覚になって、やがて感覚が麻痺してくるのに似ています。
　肩が凝った人が、あまりにも慢性的に凝りが続いているため、もう自分の肩が凝っていることがわからなくなっている状態に似ています。ある日マッサージを受けてはじめて、こんなに凝っていたのかと気づくような状態です。

　モノを捨てることにはじまって、どんなモノに囲まれたいのか、モノとの関係をどう正したいかを振り返ることは、自分と人との関係や、セルフイメージを浮かび上がらせることにつながるでしょう。

セルフイメージは
本当に正しい？

Part 2 ● モノを通して自分を知る

　ここで、自分の家にあるモノを振り返ってみましょう。写真を撮って見返したり、紙にメモでリストアップできたなら、より客観的に現実を見つめることができて効果的かもしれません。
　そこにあるモノは、あなたのセルフイメージを象徴しているでしょうか？
　以下に当てはまるものはありますか？

> ❶ 理想のモノで、セルフイメージと一致する
> 「私が望む通りのモノに囲まれている」
>
> ❷ 理想のモノではないが、セルフイメージと一致する
> 「しょせん私なんてこれらのモノで十分」
>
> ❸ 理想のモノではなく、セルフイメージと一致しない
> 「本来なら私はもっとよいモノを使っているはずなのに」
>
> ❹ 理想のモノではあるが、セルフイメージと一致しない
> 「ちょっと無理があるな」

①が多い人は、モノの量が適正であったなら、さほどストレスもなく快適に過ごすことが可能なはずです。今後も量を自在に管理できる範囲にまで絞り込んで、より快適な生活を目指していかれることをお勧めします。

　①以外はセルフイメージと現実に隔たりがありますので、無意識のうちに苦しみがあるかもしれません。そうであれば、セルフイメージを健全なものに正していくとよいでしょう。必ずしもひとつの答えではなく、モノによってセルフイメージは違うので、複数あてはまるものがあるかもしれません。

　②の「所詮私なんてこれらのモノで十分」という思いがある人は、本当はもっと素敵なモノに囲まれたいけれど、そんなのは恐れ多い、その根底には「私なんて取るに足らない存在だ」という思いはないでしょうか？
　そうであれば、「私は（私として）価値ある存在だ」「唯一無二の個性を備えた素敵な存在だ」という思いを育むことが大切となるでしょう。もし、抵抗が出てくるのなら、その理由をさらに探ってみるのもよいかもしれません。
　そう信じてしまうような出来事が過去にあったでしょうか？
　その出来事に対してどのような思いを抱いたのでしょうか？
　それらの思いは事実に基づかない不健全な考えではないでしょうか？

③の「本来私はもっとよいモノを使っているはずなのに」という思いがある人は、その通りです！　もっとよいモノを持つ価値がある存在です。ですから、そのセルフイメージに従って、よいモノのみに絞って、不要なモノは手放し、自分自身にしっくりくる調和のとれた住環境を提供してあげてください。

　④の「ちょっと無理があるな」が多い人は、自分を必要以上によく見せようとして、背伸びをしてしまったのかもしれません。「自分をよく見せたい」という思いは、実は自信のなさからくることが多いものです。「持っているモノ＝自分の価値」という心理がはたらいて、自分の価値を高めるためには、本当は好みではないけれども、ブランド物など、人から見て自分が評価されそうなモノ、よく見えそうなモノを取り揃えるための空間になってしまっているのかもしれません。見た目にはよいかもしれないけれど、実際に使ってみると使い心地が悪く、いまいちしっくりこない。そんな状態が続くと、やがて疲れが出てきます。
　自分の住まいは自分をもてなす空間。自分に素直に正直になって充電できる場であることが大切です。

喜びリストをつくろう
どんなことに喜びを感じる？

　人は、長期にわたってニーズ（心理的欲求）が満たされないと、調子を崩しはじめます。

　自分のニーズを知り、それらを意識して満たしていくことは、とても大切なことです。ニーズは満たされないからといって消えるわけではなく、知らず知らずのうちに、好ましくない行動でそれらを満たそうとしてしまいます。

　それはまるで、子供が母親の注意や愛情を得られないときに、その欲求を取り下げるのではなく、泣きわめいてまでも、注意や愛情を得ようとする姿にも似ています。

　あるいは、いいたいことを伝えずに黙っていると、やがて「わかりあいたい」という欲求が消えるかというと、決してそうではなく、その欲求はマグマのように沸々と煮え立ち、やがて爆発するようなものです。それは喧嘩として現われるかもしれません。

　散らかった部屋もまた、そんな「ニーズが満たされていないことを伝えるメッセージ」かもしれません。もしかしたら、自

分にとって必要な何かが得られていないので、代わりにモノで埋めようとしてしまったのかもしれません。

　必要以上にモノを持たないためには、自分自身の満たされていない部分、自分が真に必要としているものを意識して満たしてあげることは、とても大切です。
　私たちはみな、幸せを体験したいと思っています。これは人間として純粋で基本的なニーズで、私たちの生きる目的に通じるものです。
　幸せや喜びを体験しているときに、私たちは生き生きとしますし、満たされた感覚を覚えます。そして、喜びがある瞬間というのは、私たちが最も自分らしい時でもあるのです。
　このニーズがきちんと満たされていたのであれば、不要なモノをやたらと溜め込むといった行為によって自分の心を満たす必要はなくなります。

　ここでぜひ、自分がいったいどういう瞬間に幸せや喜びを感じるのか、自分らしくいられるのかを振り返ってみましょう。
　これは私が日々臨床現場で患者さんたちに問いかける質問でもあり、患者さんたちが最も苦手とする質問でもあります。皆さん、「病気は嫌だし、死ぬのも嫌だ」というのは明確でも、「では、何のために生きるのか？　どういう時に幸せを感じるか？」ということは実に不明確なのです。

　問題に目を向け、それを取り除いていくことと併せて、いっ

たい自分はどこへ向かっていきたいのかを明確にすることはさらに大切です。何が悪いかに目を向けるのではなく、何がよいのかにも目を向けるということです。

　次のリストは、人々が幸せを感じる瞬間の代表的なもので、洋の東西を問わず、共通しているものです。

- [ ] 家族や愛する者との時間
- [ ] 友人との時間
- [ ] ペットなど動物と触れ合うこと
- [ ] 自然と触れ合うこと
- [ ] 自分にとって大切な信念が育まれていくこと
- [ ] 美しい音楽やアートなどに触れること
- [ ] 仕事やプロジェクトを達成できた瞬間
- [ ] 新しいことを学ぶこと
- [ ] 人の役に立てた瞬間
   　　etc.

　このリストを見て気づいたことはありませんか？　この中に「多くのモノを所有すること」が含まれていないのです。ときに、「何かを手に入れるまでのプロセス」をあげる人はいるかもしれませんが、手に入ったモノそのものを「持ち続けること」を幸せにあげる人はほとんどいません。

喜びリストをつくるエクササイズ

　自分自身にとって喜びや幸せをもたらすものを具体的にリストにあげてみてください。多ければ多いほどよいですが、最低５個を意識してみましょう。

【喜びリストの作成】

①日常生活の中で、喜びや幸せを感じることを想像してください

②最低５つを意識してリストをつくってください

-
-
-
-
-

③それらを意識して、日常生活の中に取り入れてみてください

なりたい自分を
イメージする

　断捨離を効果的に行なうには、「モチベーション」が大切です。
　つまり、「片づけねば」「片づけるべき」というプレッシャーからではなく、「片づけたい」「片づけよう」という希望のある気持ちで取り組むことです。

　モチベーションを高めるには、「望む結果をイメージする」ことが効果的です。断捨離をすることで、いったい自分は何を得たいのか？　望む結果を具体的にイメージします。
　「他人からやれといわれてうるさいから」では、モチベーションは低く、続けることがむずかしいでしょう。
　ところが、自分が得たいもの（目的）がはっきりしていれば、くじけそうになったときにも、向かう先を見失うことはありません。
　人がどういっているかは別として、あなた自身は「どうなりたい」のでしょうか？

「断捨離をした結果、私はどんな私になるのか（なりたいのか）」をイメージしてみましょう。

イメージを助けるひとつの方法は、「絵を描いてみる」ことです。クレヨンや色鉛筆など、好きな色を使って、自由に「断捨離後の自分自身のイメージ」を描いてみてください。

頭で考えることも大切ですが、それを目に見える形にするのは、私たちの心に強く訴えます。「百聞は一見にしかず」、あるいは「見ることは信じること」とはよくいったもので、視覚による刺激は、私たちの心に大きなインパクトを与えるのです。

前著に載せた断捨離のビフォー・アフターの写真など、具体的なイメージによって断捨離に惹きつけられた方も多いことでしょう。「自分も"アフター"の写真のような空間に住みたい」と具体的なイメージを抱きやすいので、より強い興味を持つようになります。

この、自分自身のイメージを描くエクササイズをセミナーで何度かやってみたところ、参加者の皆さんのモチベーションを高めるのに非常に効果的でした。

「散らかっているのはいけないことだから」と、強迫的に断捨離をするのではなく、「自分らしくなるために断捨離をするんだ」と、意識を新たにできる方が多かったのです。

描かれた絵は、にこやかで穏やかに腰かけている自分、自然の中でバックパックひとつを背負って生き生きと自転車に乗る自分などさまざまでした。また自分自身の絵ではない絵を描か

れる人も多く、そこには虹、ひまわりなどの花、ハートや星や音符などがカラフルに描かれています。
　皆さんの絵で共通しているのは
・輝き
・躍動
・穏やかさ
・安心
・シンプル
・ナチュラル
　といったイメージで、皆さんそれぞれの幸せのかたちだと思います。

　これらは私たちの多くが得たいセルフイメージ、つまり「なりたい自分」でしょう。
　断捨離をするときに、この絵を意識すると効果的です。断捨離をする部屋の壁に一時的に貼るのもよいかもしれません。くじけそうになったら絵に目をやれば、原点に帰ることができるかもしれません。

　また、「要らない」「使わない」とわかっているのにモノが捨てられないときは、次のように尋ねてみます。

　「これ（たとえば、靴）は、私があの絵のような状態になるのに役立つのか？」

セルフイメージを描くエクササイズ

❶ クレヨンと画用紙を準備します
❷ 画用紙に好きな色で、断捨離をすることでこうなりたい自分のイメージの絵を描きます

❸ 断捨離をするときに、絵を目につくところに置きます
❹ くじけそうになったら絵を見ます

「これらのモノは、私がなりたい自分(絵のような自分)になるのに役立つのか?」と尋ねてみます

セルフイメージを強化するエクササイズ

　人は誰でも、変化を起こすときに、それが頭ではよいとわかっていても、少なからず抵抗が出てくるものです。また、世や人のためでなく、自分のために何かをすることに対して罪の意識を抱きがちです。

　この抵抗を乗り越えるのに、「アファーメーション」をすることをお勧めします。

　アファーメーションとは、自分自身にとって大切な信念を育むのに、日々繰り返し唱えて自分自身の心に定着させていく文言のことです。

　心のどこかで自分自身への疑いが生じたり、自信がなくなりそうなときに、このアファーメーションを声に出して唱えることは有効です。

　自分の中に、自分にとって大切なものを明確にする作業で、迷いが生じたときに柱となってくれます。

自分が向かうべきセルフイメージを確固たるものにするのにも役立つでしょう。

・断捨離で得たい結果をサポートするもの
・自分の人生にもたらしたいものを明確にするもの
・自分の価値を確認するもの

　などをアファーメーションに盛り込むことをお勧めします。
　これは他者に対してではなく、自分自身に対して行なうものです。

例

　「私は自分のよりよい人生のために、行動します」
　「私は家族も自分も楽しく健やかに生活できる場をつくります」
　「自分の気分や調子が整い、幸せでいることで、周りの人々にもよい影響を与えます」
　「自分の健康や安全にとってよいと信じたことに取り組みます」
　「私は心穏やかにすっきりした部屋で過ごす価値のある人間です。日々そのように過ごすための環境を整えます」
　「私は人生を軽やかに送ります」

モノと心のストーリー **2**

風水・運気グッズに凝ってしまう心理　その2

　私の親友の家を訪れたときのことです。彼女は都内でも有数の高級住宅街の高級マンションに住んでいました。都心であるにもかかわらず、喧騒から離れ、緑に囲まれた閑静な住宅街は、まるで憧れのリゾートにいるようです。いいなぁ、とうらやましがりながら彼女の部屋に入ると、リビングルームの壁に大きな絵と文字のオブジェが飾られていました。
　その絵には「生きている。ただそれだけでいいじゃないですか」と書かれています。素晴らしく心に響く言葉です。

　ところが、その絵の下方に眼をやると、高級なチェストの上に所狭しと開運グッズが並べられているのです。宗派を問わず、縁起のよさそうなものは何それかまわずびっちり並べられています。
　ゆとりが感じられないどころか、焦りと執念すら感じられるスペースです。宗教的な像であったり、クリスタルであったり、一つひとつのグッズはとても素敵なのに、多すぎてどれも引き立っていません。高級なチェスト自体も曇って見えます。一つひとつに目が行き届かないので、埃もかぶります。

ここでふと思ったのです。
　彼女は見えないものを信じてゆだねているというけれど、本当は信じられなくて恐怖に支配されているのではないか？
　だからいくつも開運グッズを増やすことで、信心を強化しようとしているけれども、増やせば増やすほど、逆に疑念を強化しているのではないか？
　ひとつじゃ足りないから２つ、それでもまだ足りないから３つ、それでも足りないからと、たくさんなければご利益は得られないと信じているのではないか、と。
　こういう場に本当に神様は宿るのでしょうか。

自分が神様の立場だったらどうかと、視点を変えてみると面白いかもしれません。
「神様あなたを信じています。でも他の神様も足させてください。ついでにあれもこれもそれも、他の国のも、他のジャンルも、えーい、この際なんでも全部！」
　少々二の足を踏む気がしてなりません。

　さすがに友人も「生きている。ただそれだけでいいじゃないですか」という言葉と、「生きているだけじゃ全然足りない！　運をたくさん呼び込むモノをどんどん増やさねば」という状態に矛盾を感じ、思い切って断捨離をしました。
　ローズウッドの美しいチェストの上には今、薔薇の一輪差しがひとつだけ。自然の神が宿り、輝いて癒しとくつろぎの場を提供してくれています。

　断捨離を続けるうちに、「快・不快を見極めるセンサー」がだんだん研ぎ澄まされていきます。その感覚に従って、直感的にどこに住むか、何を、どこに、どれくらい配置するか、真摯に向き合って判断していったのであれば——自分の中に宿る神と対話ができたのなら——もしかしたら、自動的に自分の人生にとって大切な、自分独自の「テーラーメイド風水」が確立されるのかもしれません。
　もちろん、一般的に確立されているものが悪いということではありませんし、役立つものは大いに活用したらよいでしょう。

ところが、やはりオリジナルでジャストフィットのテーラーメイドは心地のよいものです。そのような意味において、断捨離は風水いらずなのかもしれません。

　風水専門家の知人が、彼女の講義の締めくくりで伝えてくれた言葉を思い出しました。
「なんだかんだいってもね、結局は自分がそこにいて『真に心地よい』と感じることがいちばんよいのです」

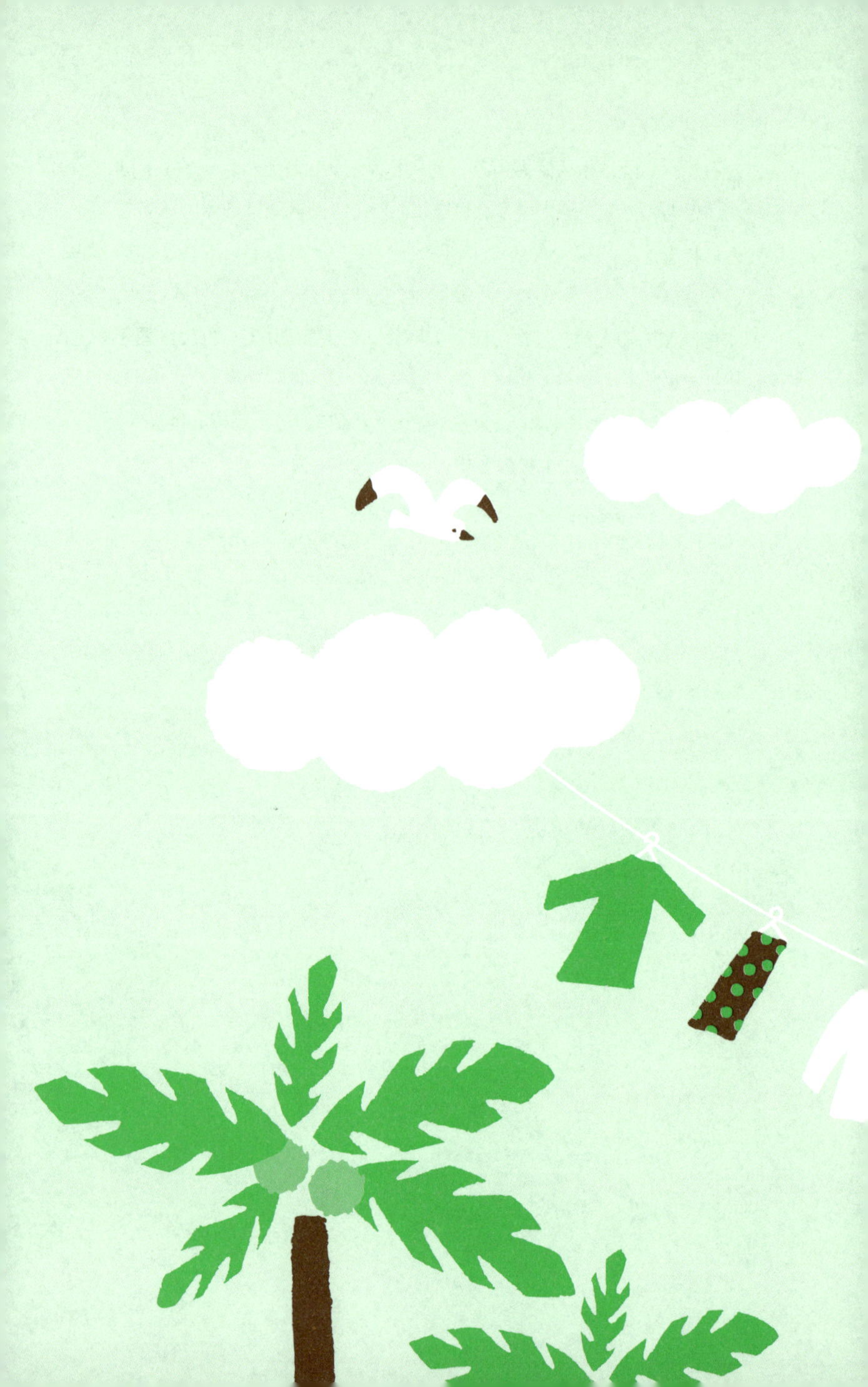

Part 3

モノを通して
思い込みを知る
どうして捨てられない？
手放せない？

モノを溜め込んだ部屋が心に与える影響
モノと心はつながっている

　今、自分がガラクタに埋め尽くされた部屋に身を置いていることを思い浮かべてみてください。
　どんな感覚でしょうか？
　そしてどんな思いが湧き起こってきますか？

　息が詰まるような感覚、疲労感、人によっては憂鬱な気分になるかもしれません。
　その裏にある思いは、「いつまでたっても片づかない」「私には無理」「やることが多すぎて押しつぶされそう」など、ため息混じりのネガティブなものではないでしょうか。
　そして、本来なら片づいた状態が理想なのに、それに近づけていない自分を「結局できない、『ダメな私』」と責めてはいないでしょうか。

この罪悪感や自責の念が蓄積されると、健康を蝕みます。
　私が日々、心理療法を行なっている臨床現場でも、ストレスと因果関係のある病気の患者さんは、本来素敵な個性と魅力を持っているのに、「私はダメ」と自己否定をしている人が多いのです（もちろん、そのことが浮き彫りになって問題解決に取り組もうと、変化の一歩として治療やカウンセリングを受けはじめたということは健全な姿勢でしょう）。

　私たちの住む環境というのは私たちにさまざまな影響を与えますが、なかでも、目に見えるモノは特に私たちの心にインパクトを与えます。
　たまに散らかっているくらいなら問題はないでしょうが、不快と感じるモノを毎日目にすることは、知らず知らずのうちにストレスを少しずつ溜め込んでいるようなものです。
　そのストレスは顕著ではないので気づきにくく、対処も遅れがちです。ある日気づいたらストレス貯金がいっぱいになって溢れ、病気になる、ということにもなりかねません。

　ストレスに直面したときにできる効果的なことは２つ。「行動を変える」か「そのことに対する考え方を変える」かです。
　私の場合、断捨離という選択肢がなかったときには、自分なりにムダなモノは捨てているつもりでしたので、「それでも片づかないのだから、部屋は片づかないものだ」という前提が無意識のうちにありました。

ですので、部屋が片づかないことを前提に、ストレスを回避するには、考え方を変えるしかありませんでした。
　どのようなものかといえば、
　「たとえ部屋が散らかっているからといって、ダメな人間というわけではない」
　「部屋が汚れているからといって、心が汚れているわけではない」
　「散らかっているほうがむしろ人間味があってよい」
　「部屋が散らかっているほうが、もしかしたらいい人かもしれない」
　など、後半になればなるほど、ほとんど妄想の世界での猛特訓＝メンタルトレーニングでした。現実とかけ離れていて、苦しさがうかがわれる、非効果的な思い込みです。
　もちろん、そのようなものを真に信じていたわけはなく、開き直ってユーモアに変えごまかしていたものです。

　このように自己否定的な考え方を変えていく取り組みは、日々の臨床現場で患者さんと向き合って行なっていることでもあったので、たやすい作業のように思えました。
　ところが、否定的な感情は何度も繰り返し出てきて、書き換えた言葉を自分自身に言い聞かせ唱えなければなりません。
　もちろん、「ダメな人間だ」と思っているより数段ましなのは間違いありません。ところが、それでも自分が本来得たい「すっきり感」は得られませんでした。

　そうなると、残された選択肢はひとつ、行動を変えるということでした。

幸いなことに断捨離と巡り合い、モノを溜め込むことを自己正当化する考え方から、「不要なモノは捨ててよい」と、それまでになかった考え方に切り変え、それを行動につなげました。

　結果、「片づけなければならない」モノ自体がなくなったので、「片づけられなくてダメ」な私もなくなりました。
　毎日毎日、自己正当化の言葉を頭の中で巡らさなくてもすむようになりました。自動的に自己否定をしなくてすむようになったのです。それどころか、自分がずっと憧れてきた「すっきり感」が得られたので、自己肯定感や自己効力感（自分の力で人生にきちんと影響を与えることができるという感覚）が芽生えてきました。
　これは私が得たい感覚、日々持っていたい感覚です。
　断捨離をすることで得られるのは、ただモノが整理整頓されることではなく、このメンタル面の気づきが最も大きく価値あるものでしょう。

どうして捨てられない？　手放せない？
自分の感情の
パターンを知る

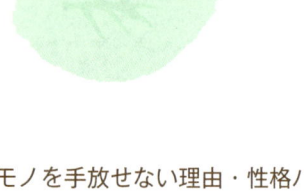

　断捨離では、モノを手放せない理由・性格パターンを
過去執着型・現実逃避型・未来不安型
と３つに分類しています。
　私はといえば、３種類すべてがほどよくブレンドされていて、いまだにそのいずれかがちょくちょく顔を覗かせては悩ませるという状態です。
　ここで私のケースに当てはめながら、これら３つのケースを見ていきたいと思います。

　まず、過去執着型ケースでは、使いもしない免状やトロフィー、すなわち、過去の栄光グッズが出てきました。それを見ていて、特に心がときめくわけでもないのに、「お手柄」によっ

て自分の価値を証明したい気持ちが表われていました。アルバムなども同様です。なかには気に入った写真もありますが、ほとんどは漫然と、過去の記録として、存在の証明としてとっているものです。

現実逃避型ケースでは、部屋の居心地が悪いのでコーヒーショップで読書をしたり、仕事をするといったこと、また、家にはおらず、頻繁に知人らと出かけたり、外での用事をつくるといったことがありました。「私は片づけが苦手でどのみちできないから」「忙しいから、家にいられないのは仕方ない」などと自己正当化することで、片づけの現場から逃避する心理がはたらいていました。

未来不安型ケースでは、コーヒーショップやコンビニなどからただでもらって溜め込んだ、ウェットナプキンや割り箸、プラスチックのスプーンなど。「いつか使う」と信じ込んでいるのですが、そんなにたくさんの量を必要とする日はこないのです。
　また、過去に一度でも使って助かった「成功体験」があると、それも自己正当化の理由になります。これは過去執着型とのコンビです。未来への不安は、過去の体験を投影することからくることが多いのです。

ここではあえて、自分の状態がどれに属するかという分析は控えます。それよりも、なぜそれらのパターンに陥ったのか、そしてそれらを解消するにはどうしたらよいのか、ということについて考えてみたいと思います。

執着心、逃避の気持ち、不安など、否定的な感情はモノとのかかわり以外にも多く起こる感情で、私たちを悩ますものです。そして、それらの感情は、実際の出来事そのものからつくり出されるのではなく、それらの出来事をどう捉えるか（どのような意味づけをするか）によって湧き起こってきます。

感情≠出来事
感情＝出来事への捉え方

ということです。

　たとえば、コップの中に水が半分入っていたとします。この出来事に対して「ああ、まだ半分もある」と捉える人もいれば、「ああ、もう半分しかない」と捉える人もいるでしょう。
　「まだ半分ある」と捉える人には安心感がもたらされるでしょうし、「半分しかない」と捉える人には不安がもたらされるでしょう。
　雨が降ったときに「あいにくの雨だ。これで1日が台なしになる」と捉える人もいれば、「恵みの癒しの雨だ。これでまた私たちに潤いがもたらされる」と捉える人もいるでしょう。

「手に入るモノはすべてとっておかなければ、いつか困るに違いない」と捉える人もいれば、「そんなに多くのものを溜めておかなくても、さほど困ることはない」と捉える人もいます。

服や本はどうでしょう？「これらの服を全部とっておいて、いつも違うものを着なければ魅力的に見えない」と捉えることもできれば、「服が多くなくても私は私として魅力がある」と捉えることもできます。「知識に乏しいから大量の本を常に手元になければ困る」というものは「常に手元に大量に本を置いておかなくても、さまざまな場所から必要な知識を得られる」と捉えることもできます。

私たちの身の周りに起こる出来事自体はすべてニュートラルなのに、そこへの「意味づけ」で感情はポジティブにもネガティブにも180度変わってしまいます。そして、私たちには、長年慣れ親しんだ思考パターンというものがあって、出来事に対して、ほぼ自動的にある思いが湧き起こり、それが感情となって表われます。

それが過去執着型であれ、現実逃避型であれ、未来不安型であれ、否定的な感情は、否定的な物事の捉え方から湧き起こってきます。何か誤った思い込みがあったので、心配で健全な選択や行動ができなくなってしまっている、といえるでしょう。

巻末の付録を参考に、自分の感情は思い込みから生じているのではないか？　と問い直してみてください。

とまどう場合はこう考える
それは「自分を幸せにしてくれる考え方」かを考える

　断捨離は、絞り込みであると同時に、入れ替え、代謝です。
　不要・不適・不快なモノをどんどん断って、必要・適切・快適なモノに入れ替えていくプロセスは、モノだけでなく、人やさまざまなこととのかかわり方にも通じます。
　そして、私たちが日々抱いている「考え方」にも通じます。

　自分の幸せや豊かな人生に役立たない、否定的な考え方を捨て、健全で前向きな考え方を育んだり取り入れたりできたなら、よりよい人生を送ることにつながるでしょう。つまり、考え方も必要・適切・快適なものにできたなら、モノやヒトやコトに対する断捨離は、さらにスムースに行なえるでしょう。

　ここでは、自分の人生に役立つ健全な考え方を健全思考、そして、自分の人生に役立たない考え方を不健全思考と定義して、不健全思考から健全思考へアプローチしていく方法を考えてみます。

考え方もモノと一緒です。

生きていると、どんな人でも不要な考えはどうしても入ってきてしまいます。ところがそれらを持ったら手放す、また持っては手放す、といった具合にその都度入れ替えて、代謝してバランスがとれていればOKです。否定的な考えを持ち続ける、溜め込むことを避ければよいのです。

不要・不適・不快な考え方を必要・適切・快適に入れ替えていきましょう。

行動の足かせとなる否定的な感情が湧き起こったときに取り組んでください。わざわざ追い求めて探す必要はなく、自然に湧き起こってきたときに心をオープンにして素直な気持ちで考えてみてください。

健全思考になるためのエクササイズ

❶ どこにでも持ち歩けて片手に収まるような、手頃なノートを準備します

❷ 上に行動を止める感情をメモします(「罪悪感」・「自責の念」・「不安」など)

❸ ノートを開いて左のページに、否定的な感情をつくり出している思い込み【不健全思考】を書き出します(例:モノを捨てるのはよくないこと。
いくつも思いが出てくる場合は、それぞれの思いを短い文章ごとにまとめて、次の思いとの間にスペースを空けます)

❹ 右のページに、左のそれぞれの思いに対比する、新しい前向きな考え方【健全思考】を書き出します(例:モノを捨てることはよくないこととは限らず、時と場合によっては必要なこと)

❺ 右のページを書きあげたら、いったんそこでストップし、右の健全思考だけを読み上げ、気分を確かめます

❻ 気分が楽になったのなら、清書をしてそのノートを持ち歩きます

❼ 否定的な感情が湧き起こる度にノートを取り出して、左の不健全思考と右の健全思考の両方を読みます

❽ 否定的な感情の有無にかかわらず、右の健全思考を1日3回、自分自身に定着させる意図で唱えたり、読み聞かせたりします。

❾ ⑦~⑧を3~6週間続けます

一般的に、人間は新しい習慣を身につけるのに、およそ3週間から6週間かかるといわれていますので、「考え方」をある程度定着させる場合でも、それくらいの期間を目安とするとよいでしょう。これは、楽器の演奏や、運動でも一緒です。楽譜を買ったその日に、練習もせずに上手に演奏できる人はまずいないでしょうし、フィットネスクラブで1日トレーニングをしただけで筋肉モリモリになる人がいないのと一緒です。

　もちろん、その後もたびたび否定的な思いが顔を覗かせるかもしれませんが、以前と比べるとぐっと対処が速くなります。否定的な脳の回路に、新幹線がビュンビュン走っていたような状態から、錆びたローカル線を磨いてそこに電車を走らせるような作業で、忍耐が必要となります。それでも、とても価値のある忍耐です。

　もし、①～⑧を6週間ほど続けてみても、感情の改善がまったく見られない場合は、不健全思考がきちんと書き出されていないか、対比する健全思考が適切でない場合があるでしょう。また、手順自体をきちんと踏んでいないということも考えられますので、もういちど振り返ってみてください。

本当に「もったいない」？
手放せないときの「5つの質問」

　考え方を前向きにしていくことが大事だとわかっていても、長い間もっていた考え方を変えるのはとてもむずかしく、抵抗が出てくる人もいるでしょう。

　断捨離セミナーで、教師をされている方とこのようなやりとりがありました。

　彼女は「モノを捨てない限り、家じゅう書類やガラクタだらけで機能しなくなる」ということを頭ではわかっていても、それでもやはり捨てられないといいます。どんな思いがあるかと聞けば、「もったいないから捨てられない」といいます。

　捨てることより使わないままでいることのほうがもったいないこと、スペースをガラクタでムダにすることのほうがもったいないこと、もったいないとはモノを買う、もらうなど取り入れるときに使うべき概念であること──すでにセミナーで「モッタイナイ」という言葉について考えてきたにもかかわらず。

繰り返し確認しても、彼女の抵抗は止みません。教師として、子供たちに道徳や倫理を教える立場である彼女にとって、モノを大切に使うことはとても重要な教育です。ところが、やはり使わないモノが溢れてしまえば、大切に使いようがないのも事実です。

このジレンマの中でもがいているようです。

「使えるモノを捨ててはならない」、この信念から抜け出すことができません。

それはなぜかと尋ねれば「だってそういうものでしょ」と常識論が出てきます。表情と語気には怒りが見て取れるほどです。おそらくこの信念を手放すことは、彼女のアイデンティティーの崩壊にも近く、恐れを感じているのでしょう。教師として善悪を教える立場で、今までの自分が正当化できなくなってしまうのですから、当然のことでしょう。

ただ、これまでの信念を持ち続けることで豊かに充足した人生が送れるわけでもありません。それを習った生徒たちも、自分と同じ問題で将来苦しむときがくるかもかもしれません。

常識論に関しては、「必要なモノはとっておいて、自分を悩ます不要なモノは処分してよい」という考え方があってもおかしくないはずです。

そのような健全な考え方をしてみるように提案しても、やはり抵抗は止みません。

そこで私は次の5つの質問に「YES」か「NO」で答えてもらうよう依頼しました。

> **例**「使えるモノは捨ててはならない」という思いは……

5つの質問

- [ ] その思いは事実に基づいていますか？
- [ ] その思いは命や健康を守るのに役立ちますか？
- [ ] その思いは大切な目標（短期／長期問わず）を達成するのに役立ちますか？
- [ ] その思いは問題や悩みを解決するのに役立ちますか？
- [ ] その思いは好ましい気分をもたらしますか？

　これ以外にも、「自分を真に大切に思ってくれる人なら何というか」、また「自分が心から大切に思っている人が同じ悩みを持っていたのなら何と言葉をかけるか」を考えることも役立つでしょう。

　健全な思考であれば、上記の5つの質問のうち3つ以上が「YES」になる必要があります。3つを満たさない場合は、日常生活に支障をきたす、不健全な思考です。5つの質問をしてみて、3つ以上が「NO」なら、考え方を健全に書き換える練習をすることをお勧めします。

ちなみに、質問をした彼女は5つの質問すべてに「NO」と答えました。

❶「事実に基づいている？」
　→この世に「モノを捨ててはいけない」という事実はなく、法で裁かれるわけでもありません。不要で不適で不快なモノは捨ててもかまわないわけです（実際に捨てるかどうかは別です）。

❷「命や健康を守る？」
　→守るどころか、モノが大量にあると埃が溜まったりイライラするでしょう。また、床にモノが堆積すれば危険ですので、むしろ害を及ぼしています。

❸「大切な目標を達成する？」
　→すっきりした部屋で過ごし、健康で幸せに暮らすという目標は達成されないどころか、まったく逆に作用する信念です。

❹「問題や悩みを解決する？」
　→問題や悩みの種になります。

❺「好ましい気分になる？」
　→プレッシャーを感じるものなので、好ましくない気分にさせます。

このようにすべての回答が「NO」となったわけです。ここで、彼女はなるほどと理解したようで、「あ、わかりました」と穏やかな表情で席につきました。

　抵抗が外れ、考え方を変える準備ができたのです。誰でも、事実に基づかず、命や健康も守らず、目標達成にも役立たず、問題や悩みも解決せず、気分も悪くなる考え方——要は、豊かで幸せな人生に役に立たず、むしろ不幸に役立つ考え方など持っていたくないものです。

　もちろん、それでもその考え方を守りたいというのであれば、それはその人の人生観であり、好きなように選択すればよいことです。

　ところが誤ってはいけないのは、「そういうものだから」信じているのではなく、実は「気づかぬうちにそう信じることを選択している」のです。その区別をした上でどちらを選択するかは自由です。

　もちろんそのような人はそもそも断捨離の本を手に取ることも、セミナーに参加することもないでしょうが。

　私たちは命や健康より、考え方に執着してしまいがちということを忘れないように。

行き過ぎた
ポジティブ思考に注意！

　自分の思い込みを考えるときに、ひとつ注意したいことがあります。それは不健全な思いを健全に変えるのはよいのですが、あまりにもポジティブすぎる考え方に走りがちなことです。
　起こっていないことをいいきってしまう「断定的な言葉」になったときが要注意です。

　たとえば、部屋が散らかっていることで夫婦の喧嘩が絶えないといった状況があったとします。
　不健全思考なら、
　「私が片づけられないせいで夫（妻）とはずっとうまくいかない」と考えるかもしれません。
　一方、健全思考は、
　「片づける能力を身につけることは可能で、いまその過程にいる。夫（妻）との人間関係を良好にすることはできる」
　あるいは
　「決して片づけが理由だとは限らない。ほかに根源的な夫婦

関係の問題があって、そこに取り組むことはできる」
　といったものであるかもしれません。
　これに対して、過度のポジティブ思考は
「片づけなくても夫（妻）とうまくいく」
　といいきってしまうものです。もちろん、その可能性はあるかもしれませんが、必ずそうなるというものではありませんし、この場合、これまでの流れを見たなら、うまくいかない可能性が高いことはわかっているので、それを信じ込むには少々無理があります。

　前述の、私が「片づけられない人間のほうがいい人間だ」と考えていたのも同じような過度のポジティブ思考です。ただし、これは私自身がおかしい考えだとわかった上で、「そうでも思わないとやってられないぞ」という姿勢で自嘲的に巡らせたものです。

「片づけが苦手でダメだ」と思っているのを「片づけが得意で素晴らしい」と考えることには、無理があります。
　これが、「片づけを学ぶことはできて、今はその過程にいる。自分のペースでそれを習得することができ、違いを起こすことができる」と捉えたなら、これは現実的で自然です。

　地に足のついていない考え方というのは、たとえ時間をかけていい聞かせたとしても、なかなか心の底まで届きません。健全思考が現実や自然の流れに則しているのに対して、過度のポジティブ思考は現実離れしていたり、不自然な考え方になっていることが多いのです。

　巻末に、断捨離の過程で出てきがちな、代表的な不健全思考をリストアップし、それぞれを健全思考に変えたシートがあります。思い込みを取り除くエクササイズの参考にしてみてください。

モノと心のストーリー **3**

片方だけの靴下と恋愛観

　断捨離をして恋愛関係が改善されたという報告が多く届いています。「改善」には、出会いだけでなく、健全な別れも含まれます。

　すでにお伝えしたように、私自身に人生のパートナーが現われたのと、断捨離の出版プロジェクトに中心的に関わるスタッフも電撃婚を果たしました。

　結婚や恋愛は人生における比較的大きな出来事ですが、これらの取捨選択も「何を軸にするのか？」が大きく影響します。

　私はといえば、「結婚？　いい人がいれば、できればいいなぁ」「誰かいれば紹介して」と、漠然と思ってはいたものの、「そのうち」「いつか」という姿勢でした。

　まるで片方になったまま、次の洗濯の機会をうつろに待つ靴下に対する扱いと、見事なまでに合致していました。対になるもう片方の靴下を積極的に探して整えようとは、決してしません。そしてその「いつか」は訪れず、何年も片方のままです。

　少し努力して探せば見つかるかもしれないし、あるいは片方はすでにそこにはないとわかっているなら、残りの片方も手放し、次の新しいペアを入れればいいのに、そのままです。もちろん、無自覚のうちに、です。

そんな私のチェストの引き出しの中のように、仕事も人間関係もいろいろ出来事が増えてくると、優先順位が不明確になりがちです。

仕事が充実しているし、家族も友人にも恵まれているし、「ま、これでもいいんじゃない？」という意識がどこかにあるのです。

そこには一種の諦めや自己正当化があります。パートナーが現われなかったときに、がっかりしないための自己防衛本能が働いているのです。

「本気で探しても現われなかったら、それこそみじめだ。本気になりさえしなければ、失敗もないし、課題を先延ばしにできる」という、得意の現実逃避・先延ばし体質で、人生の大切なことに向き合うことを避けていました。

それが、断捨離をして空間にゆとりができ、心にもゆとりができたときに、人を招き入れるゆとりもできました。そこでパートナーについて、真に向き合うゆとりもできました。

いろいろな価値観はあるものの、私自身にとって、パートナーは「あったらいいけど、なくてもいける」ものなのか、それとも本心から「パートナーが欲しい」と思っているのか──

素直に正直になれば、答えは「YES。欲しい」でした。

では、そのための意識やそれにともなった行動をしているかといえば、環境まかせで自分自身からは特に何の働きかけもしていません。虎穴に入らず虎子が迷い込んでこないかと待っていたわけです。

また、なんとなくとってつけた理想や条件に縛られていたこともわかりました。本当にその条件が必要なのか、それがないと人生のパートナーとして成立しないのか？　私の人生は機能しないのか？　幸せになれないのか？　と問われれば、「いや、まったくそんなことはない」というものばかりでした。

　これは決して理想が高かったということではなく、「女性のくせに仕事ばかりしているこんな私を受け入れてくれる人なんて、そうそういないだろう。だから私には、こういう人しか向かないだろう」と、勝手に制限を設けた結果できあがっていた、非常に限定された非合理的な条件です。

アバウトに決めている割には、無自覚のうちにそれらの条件にこだわっていて、それ以外の人を、心の底でシャットアウトしてきていたのです。その辺を洗いざらい問い直し、不要な観念や条件をどんどん捨てていき、新しい今の自分にふさわしい恋愛像、パートナー像を得ました。

　真に大切なものを意識して、日々を送るようになったところ、以前の私なら「まさかこんな素敵な人が私を好いてくれるはずがない」とどこかで思い込んで素通りしていたであろう人が現われました。お互いに、もうずいぶん昔から知り合いのような、なぜ今まで一緒にいなかったかが不思議な気がする相手、飾らず素のままの自分でいられる相手が現われたのです。

　ちなみに、断捨離をしてから、私の靴下は1足も離れ離れになっていません。

どうして捨てられない？　手放せない？
「失敗してはいけない」という思い込みを手放す

　「捨てたい、手放したい。でもできない」、そう感じてしまう原因のひとつに、自分の失敗を認めたくないために自己正当化する姿勢があるといえるでしょう。これは特に値の張るモノに対して起こりやすいようです。

　たとえば、私は通信販売で買ったけれども一度も着ていない服が何着も出てきました。

　カタログでモデルが着ている服を見て、自分が着た姿を想像したときはとても素敵でしっくりきていたのに、実際に届いた服を着て鏡の前に立つと、映し出された自分はその想像から大きくかけ離れていたのです。すぐにクーリングオフすればよかったものの、面倒だったので先延ばしにしているうちにクーリングオフの期限が切れました。そして、一度も袖に手を通さないまま、3年以上が経ちました。

　そのときのいい訳は「いつか着るかもしれないから」です。

　時間がたてば似合うときがくるというものではなく、肌がチ

クチクして不快だったり、デザインもむしろ似合わないものなどでした。なのに、「買ったことが失敗だった」と認めたくないので、「そのうち着る」と自己正当化しているのです。

　その失敗を認めたところで、咎める人は1人もいません。咎めるのは自分だけです。それでも、自分の非を認めたくないので正当化するのですが、なにせ自分自身なもので、それが実は失敗であることは百も承知。ごまかしようがありません。

　この失敗を認めない姿勢は、さらに同じ失敗を招きます。
　実際、私の家からは、一度も袖を通していない服が1着だけではなく、何着も出てきたのです。一度目で潔く失敗を認めて、それを手放していたなら、その苦い経験から学んで、同じ失敗を繰り返すことはなかったと思います。
　自己正当化して、苦い経験を避け続けたために、何度も同じ失敗を繰り返しました。

そもそも、私たちはなぜ失敗を恐れるのでしょうか？　それは「失敗する人間はダメな人間である」という思い込みがあるからでしょう。でも、本当に失敗する人間はダメな人間なのでしょうか？

　もちろん、失敗をまったくせずに、成功ばかりが続く人生はバラ色かもしれません。

　ところが、本当にそのような人生を歩むことは可能なのでしょうか？　これまで失敗せずに成功し続けてきた人は、人類の歴史に存在するのでしょうか？

　答えはNOでしょう。

　私たちは誰もが失敗を免れない存在です。

　失敗したからといって、決してダメな人間ではありません。ダメなのは、失敗を失敗と認めずに、同じ過ちを繰り返し続けてしまうことです。

　大切なのは失敗を認め、常にその失敗から学び、よりよい未来のために変化を起こす謙虚な姿勢ではないでしょうか。多くの成功者はむしろ失敗から多くを学んでいます。

　断捨離をしてから、私が通販で服を買うことはピタリとなくなりました。もう二度と、自分の体形から大きく離れたモデルのまとう服の美しさにだまされることがなくなり、実際に自分で鏡に服をあてて、鏡の中の自分に向き合う、すなわち、はじめて現実に向き合うようになったのです。

さらにいえば、これまで通販で買い物をしていたのは、「時間がなくて忙しい」「面倒くさい」という理由からでした。デパートや街でふらふらとショッピングをするのは時間のムダ、という思い込みが少なからずあったのです。
　ところが、本当はたまにウィンドーショッピングをしたり、街をふらふらするゆとりある日々を切望している私でした。それは私の心を充電する時間でもあります。

　それなら、「忙しい」を理由にせず、きちんと自分をもてなし、大切にするためにも、選び抜いたモノを手に入れるための買い物を日々のスケジュールに組み込むことが何より大切でした。
　生活の「しくみ」自体を変えるということです。これはムダなモノを買ってパツパツになってしまったクロゼットにゆとりをもたせるだけではなく、日々の生活にゆとりをもたらすことにつながります。

　私たちは誰もが失敗を免れない存在です。大切なのはそこから学び、同じ過ちを繰り返さない努力をする姿勢です。

「後悔したらどうするの?」という不安を手放す

　「もしも」のときがあったら困る、「いつか」使うかもしれないので、今使っていなくても手放すのをためらってしまう。要は、「後悔をしたくない」という心理が働いて、ガラクタを手放せないことがあります。
　「捨ててしまって後悔したらどうするの?」——これは多くの方から受ける質問のひとつです。

　結論からいうと、未来は誰にもわかりません。もちろん、ある程度予測可能な未来はありますし、そうであれば、その予測に沿ってモノを管理すればよいでしょうし、迷いはないでしょう。
　ところが、「手放すことで後悔しないか?」と恐れているモノのほとんどは、どうなるかわからないから迷っているわけです。どうなるか誰にもわからないものは、どうしようもないのです。未来に必要になるかもしれないし、ならないかもしれないモノです。

ただ、ここで振り返ってみたいのは、これまで、「今の段階で未来に使うことは想像できないけれども、"もしも"や"いつか"のためにとってきたモノ」を実際どれほど使ってきたか？　ということです。

　そして、本当にそれがなかったら大問題に陥っていたのか？　ということです。

　友人T子は、断捨離前に大量のトイレットペーパーを溜め込んでいました。セールのたびに、トイレットペーパーを買い溜めしていたのです。

　彼女の母親がオイルショックを体験していたことで、無意識のうちに「オイルショックでトイレットペーパーがなくなって、困るに違いない」という思い込みができあがっていたのです。

　ところが、本当にそんなことがあるのでしょうか？

　また、たとえ現実になったところで、トイレットペーパーがなかったら本当に生活は機能しなくなるのでしょうか？

　家のトイレには洗浄機能がついていますし、トイレの隣にはお風呂場もあります。T子はトイレットペーパーを買い溜めする理由がないことに気づき、セールでの買い物をやめました。1年以上たった今でも、まだペーパーは足りているそうです。そして、以前よりトイレットペーパーを使う量が減ったそうです。「たくさんあることで、むやみに使っていた」ことにも気づいたそうです。

　私は一度だけ「とっておけばよかったかな」と頭をよぎったモノがありました。それは保冷材です。

　断捨離をしたことで、数個を残して何十個もの保冷材を捨てました。その後、パートナーが突然水疱瘡になり、高熱とひど

い頭痛でうなされ、知人のドクターに頭と脇とリンパ節をすぐに冷やすようアドバイスを受けました。

そこで保冷材があれば役立ったかもしれませんが、ビニール袋に氷水を入れて対処し、その間コンビニで新たに氷を買い足して、まったく問題なく対処できました。小さな保冷材が何十個あったところで、それを全身にぺたぺた貼るのもあまり効果的であったとは思えません。

要は、それらの保冷材はあったらその一度の出来事に限っては便利だったかもしれないけれど、このような健康を脅かす場面ですら、なくてもまったく問題がなかったということです。

そうであれば、必要のないそれらを管理するエネルギーとスペースはもったいないものとなります。

今、皆さんは、片づけに対して悩み、問題意識を持っているからこそ、本書を手に取られているのだと思います。要は、モノを捨てることでいつか後悔することを恐れているというけれども、現時点ですでに「モノを溜めてきたことを後悔している」のではないでしょうか。未来に後悔するのはダメで、今後悔することはよいことなのでしょうか。

未来のために今を犠牲にする価値があるのかどうか、もう一度、自分自身に問うてみることが大切でしょう。

人生に後悔はつきものです。いまだかつて、自分自身の人生を完璧に予測できた人など、ノーベル賞を受賞した優れた科学者を含め、誰ひとりとしていません。

そして、そのモノがなくて後悔したところで、命や健康に影響はなく、大切な目標達成にもさして影響はないのではないでしょうか。
　「後悔するとは限らない。たとえ後悔しても、私の人生は回っていく。わからない未来のために今を犠牲にすることのほうがよっぽど後悔に値する」と考えることができるのではないでしょうか。

　私たちには「〜するべきだった」とか「〜するべきでないことをした」という思いとともに後悔の念が湧いてきます。
　これを「それがあの時点での最善の選択だった。あの時点でするべきことした」と捉えてみてはどうでしょうか。

　現時点で予測不可能なことであれば、私たちにできるのは、「現時点での最善を尽くすのみ」です。
　つまり、「今の自分にとって必要・適切・快適か？」という視点でモノを選択していくことではないでしょうか？

　これまでも数え切れないほどの後悔をしてきた私たちです。それでも、今日この日までなんとかやってこられています。そのことに目を向けてみませんか。
　「後悔もまたよし」「それも人生」と捉えることができるでしょう。

どうして捨てられない？　手放せない？
執着心に気づく

　部屋がすっきり片づくのはいいことだとわかっている。散らかっているモノをもう使うことはないし、価値がないのも十分にわかっている。

　でも、いざモノと向き合うとピタッと手がとまってしまう。断捨離を進めていくと、このように手を止めてしまう瞬間があることはめずらしいことではありません。そして、その原因が「執着心」であることに気づくのはたやすいでしょう。

　では、その執着心をどうすればいいのでしょうか。「執着だ。執着してはいけない、ではポイ！」といけば万々歳です。ところがなかなかそう一筋縄にはいかないものです。
　ここでじっくり執着心について向き合ってみたいと思います。いったい執着心とはなんでしょうか？

　執着とは、何かに必死になってしがみつく状態といえるでしょう。しがみつくことでがんじがらめになってゆとりがなくなり、視野が閉ざされてしまう状態です。

執着しないと、生命の危機をもたらす、健康を脅かされる、自分の人生における大切な目標（生きがい）が脅かされる、今抱いている苦しみや悩みの解決策がない、幸せになれないという場合には、ある程度執着心を持つことは理解できます。

　多かれ少なかれ、誰にでも執着心はあるものです。
　でも大切なのは、「その執着心が本当に自分の望む人生に役立っているのか」と振り返ってみることです。
　執着はエネルギーをどんどん奪ってしまいます。プレッシャーを与え、不安や恐怖といった感情も伴うでしょう。執着は、すればするほどその人から自由を奪うのです。

　ひとつ例をあげたいと思います。
　ロックフェラーという大富豪をご存じでしょうか？　世界的に名の知れたアメリカの石油王です。ＮＹマンハッタンのど真ん中にある高層ビル街、ロックフェラーセンターは彼の成功ぶりを世に示すのに十分な建築物でしょう。
　彼は一生どころか、何十もの人生を繰り返したとしても困らないほどの巨万の富を得ました。
　ところが、それでは彼が豊かで幸せな人生を送ったかというと、決してそうではなかったのです。
　いつも自分がつくりあげてきたお金のことで悩まされたといいます。お金が増えれば増えるほど、管理する労力も必要とな

り、逆にこれまで溜めてきたものを失う恐れでがんじがらめになってしまったのです。
　やがて彼は精神的に病み、ついには重度のストレスでドクターストップがかかり、仕事もできない状態になりました。まだ十分現役で活躍できる年齢だったにもかかわらず。

　健康と幸せを得たいために私たちは必死になってお金を稼ぐのに、なんとも皮肉なストーリーです。彼の表情が苦悩に満ちたものであったのは有名です。

　では彼はそのまま不幸な一生を送ったのかというと、このストーリーには続きがあります。彼はある時点で執着を手放したのです。財産を溜め込むことをやめ、多くの慈善団体などに寄付したのです。
　すると、どうでしょう、そこから彼は健康を取り戻し、90代まで生き続けます。人生の終焉を迎える際に彼の残した言葉は印象的です。

　「私が人生でお金の心配をしなかったのなら、どんなに幸せな人生だったであろうか」

　私たちは何かを溜め込もうと思えば、「もっと、もっと」とどこまでも貪欲に溜め込むことができます。ところが、それによって幸福になるかというと、決してそうではなく、逆に作用することが多いのです。現代の私たちには、「足るを知る」という姿勢が大切なことが理解できるエピソードでしょう。

では、どのように効果的に執着を手放したらよいのでしょうか。執着には恐れの気持ちがあります。言葉にするなら、「何がなんでもこの状態を維持しなければ、自分の人生は機能しない」「何か取り返しのつかない悪いことが起こる」といったものでしょう。

　それではお尋ねします。

　本当に人生が機能しないのでしょうか？

　多くの紙袋や輪ゴムやクリップ、それらは本当になくなったら人生が機能しなくなる、または何か取り返しのつかない悪い出来事が起こるのでしょうか？　使わない洋服、食器、靴、本などを自分が使う量まで減らすことで、取り返しのつかない悪い出来事が起こるのでしょうか？

　私たちはそんなに愚かな存在なのでしょうか？

　たとえそれらが必要になったときに、代替物で対応できる智慧は備えていないのでしょうか？

　結局のところ、そんなに多くのモノがなくてもなんとかなるのです。

　たとえ物事がすべて思い通りにいかなくても、人生はそれなりに機能しますし、その都度、智慧をはたらかせて、対処できるのです。

　では、すべての欲を断つのかといえばそうではなく、希望を持ちつつも執着を手放す姿勢が大切です。「こうしたい、こうしよう」と、望む結果が得られると信じて心にときめきを持って行動すると同時に、たとえ望む結果が得られなくてもＯＫ、なるようになると信頼している、心がオープンな状態です。

「いい人でいなければならない」という思い込みを捨てる

　モノとの関係は人との関係に似ています。人との関係を大切にする人は、モノとの関係も大切にすることでしょう。
　では、すべての人間関係を取捨選択せず、ずっと維持することが人間関係を大切にしたり良好にしたりすることに結びつくかというと、決してそうではありません。ここを取り違えてしまうケースが実に多いのです。

　モノを捨てられない人の多くは「薄情な人間になりたくない」という心があることでしょう。いい人でいたい、いい人と思われたい、願わくばご縁のあった人全員からそう思われたい、という気持ちが強く、それがモノにも反映されているのではないでしょうか。
　このようなタイプの人はとても温かみのある雰囲気をもっていて、周囲を和ませる力をもっている人が多いのではないかと思います。人に不快感を与えることはまずしないでしょう。たしかに人々に好かれるタイプであると思います。

ところが本人自身は過度に人に合わせていて、疲れを覚えることも多いのです。みんなの要望や期待にこたえようと無理をしてしまうのでしょう。それは、「モノたちがかわいそう」と、すべてを抱え込んでクロゼットに詰め込む姿に似ています。
　決してそれらのモノを大切にしているわけではないけれど、薄情な人間というレッテルを貼られることが怖いので、少なくとも捨てずにつながっておくというパターンです。
　表面的な友情もとりあえずキープ、ということが多いのです。

　モノも人も、年月を重ねるほど、あるいは出会いの数が増えるほど、自分の人生に流れ込んでくるわけで、すべてを抱え込むことは物理的に不可能です。どこかで整理をしないと自分自身のくつろぐ時間が失われて、望む状態がいつまでたっても訪れず、やがていつか物理的にも精神的にも破綻をきたしかねません。
　人間関係もスタメン（1軍）で揃えたら、より望ましい人生を送れるはずです。
　ところがモノと一緒で、私たちは2軍も3軍もみんな抱え込む、それでとどまるならまだしも、ほんのちょっとご縁のあった5軍も6軍も、という人もいるかもしれません。6軍まで完全に管理するにはかなりのエネルギーを要します。これでは本来光るべきスタメンも光りませんし、思い通りの人生の試合もできないことでしょう。やがて人間関係に疲れきってしまうかもしれません。
　絞り込まれたスタメンの人間関係なら大切に思いやりをもって接しやすいはずですし、関係性の中で欲求も満たされやすいはずです。それは自分が理想とする自分。

そして、欲求が満たされ、エネルギーが常に充電されている状態であれば、人は苦手な人にも優しくなれるものです。
　これは、本当はお米を食べたいのに、周囲に合わせてパンや麺を食べ続けたなら、食傷をおこして、エネルギーが低下するような状態です。「ああ、本当はお米が食べたいのに」と常に満たされない状態です。ところが、基本的にお米を食べているのであれば、ときにはパンや麺でもOKと思えるでしょう。

　逆に常に満たされていない状態だと、エネルギーは漏れ、「合わせてあげているのに」という恨みの念も出てきてしまうかもしれません。それは自らつくりあげている状態です。人を好きでいたいのにそれができないのは苦しい状態なはずです。これは相手も頼んだわけではないのに、はた迷惑です。こういう状態をつくらないように努力してみましょう。

　人に合わせがちな人は、心のどこかに、「みんなに好かれなと私は価値がない」という思いがあることが少なくありません。でも、本当にそうでしょうか？
　「みんなに好かれる必要はない。万人に好かれることは不可能。自分に最も近い自分自身が自分を好きでいることが大切」ではないでしょうか。
　過去のご縁が今や未来に必ずしも必要なご縁とは限りません。人間関係にも旬はあるものです。そのことを素直に受け入れてみてください。

　自分にとって必要な人間関係かどうかを見極めるには、次のことを確認してみることが有効です。

① その人と会ったり話したりした後では気分がよくなることが多い
② その人と会ったり話したりした後は気分が悪くなることが多い

感情というのは身体にも影響を与えます。

①はあなたの人生にも健康にもよい影響を与える人ですから、ぜひ意識的により多くの時間を過ごすようにしてみてください。

②はあなたの人生の質を低下させ、不健康にしかねない人と位置づけて、意識的になるべく時間を割かないようにしましょう。社会のしくみ上、どうしても関わらなければいけない場合は最低限の時間で済むように意識してみてください。そして、エネルギーが低下したなら、それを充電する時間を意識してつくってみることをお勧めします。

今まで無自覚に漫然とつくりあげてきた人間関係も、このように自覚して関わりをもてたのなら、スムースにいくことが多くなるでしょう。

不確実性を受け入れる
変化に柔軟に対応する

　人生は規則正しく見えるようで、実は揺らぎの中に存在します。昨日と今日が同じだった日は一度もありません。常に大小さまざまなレベルで変化が起きています。

　科学技術が発達して人工衛星が明確な気象予想図を出しても、天気予報ですらいまだ100％確実ではないのです。せっかく傘を持って出たのに荷物になってしまった、という思いを何度としたことでしょうか。

　医師は患者の余命は推測できても、自分の寿命を測定することはできません。そして、実際の医療現場では余命宣告より長く生きる患者も多いのです。

　このように、すべてが完璧に予測できなくても、私たちの人生はこれまで淡々と進んできました。それでも、地球は回っています。

　思った通りになったこともあれば、まったく予想しなかったことも起こるのが人生です。

　私たちに「変化に臨機応変に対応できる柔軟性」があれば問題ありませんが、この変化を恐れるのもまた人間です。

「失敗をしたくない」という気持ちから、萎縮してしまい、「望む状態は得られないけれども、失敗するよりは今のままのほうがマシ」と、よりよい未来のための変化を諦めてしまうことが多いのです。

　ところが、考えてみてください。いわゆる「人生の成功者」というのは、このような変化を受け入れ、その都度の状況で最適の判断をしてきた人ではないでしょうか。過去の成功体験を参考にしつつも、決してそれにしがみつくことはせず、未来の不確実さを受け入れて新しい未来に向けて潔く行動してきた人物ではないかと思います。

　その時その時に役立つものは何かを問い直し、取捨選択ができると、人生に豊かさと自由さをもたらします。
　もし私たちが、人生に変化を起こしたいと思ったのであれば、不確実性を受け入れる勇気が必要となります。
　つまり、「すべてが思い通りになることを確認できてから行動する」という考えを捨てることです。なぜならこれまでの人生でも、すべてが思い通りになってきたことはないからです。それでもなんとかやってきたのではないでしょうか？

モノと心のストーリー **4**

昔の彼の名前のぬいぐるみ

　仕事仲間でもある友人、Ｓさんの家へ行ったときのことです。もともとモノが多いわけではありませんが、クリエイティブな彼女の家には個性溢れるモノがたくさん部屋に飾られています。お気に入りのモノに囲まれて、彼女も快適に過ごしているようで、訪問者たちの見る目も楽しませてくれます。

　ところが、彼女の部屋に一歩踏み入れた際に、ひとつだけ、妙に気になるモノが目に入りました。
　それはピンク色のテディベアのぬいぐるみ。大人の膝くらいの高さの背丈で、リビングの隅の座布団の上に鎮座しています。
　そう、「飾られている」というより、「鎮座している」という表現がぴったりなのです。存在感が大きく、まるで同居人、いや、部屋の主人のようです。

　聞けば名前は「タカシ」だといいます。「タカシ？」声が裏返りながらも聞き直すと、Ｓさんは「昔の彼氏の名前」だといいます。そして、このテディベアの「タカシ」とはもう十数年も一緒に暮らしているようです。

　なるほど、よほど大切な人間関係だったことが推測できます。昔の彼氏とよりが戻る見込みがあって、その思いをぬいぐるみに託して大切にしているのだろうと思い、私の胸に小さな痛みが走りました。

Sさんに、いずれやり直す気持ちがあるのかと尋ねてみると、驚きの答えが返ってきました。なんと、彼はとっくの昔に結婚して、今では海外に住んでいるというのです。

　私は愕然としてしまいました。それと同時に、なぜ、美しく、知性もあり、仕事もきっちりこなし、しかもお料理上手で面倒見がよい、魅力的な彼女（実際に彼女の魅力をたたえる男性を私は見てきているのです）がずっとフリーなのかがわかった気がしました。
　過去の恋愛関係をきちんと捨て切れていないのです。それがテディベアの「タカシ」に現われていました。

　そのことを指摘すると彼女は、「意識はしてこなかったけれど、いわれてみれば、ケリをつけたつもりで、つけていなかったのかもしれない」といいます。
　おそらく訪れないであろう「いつか」を、映画の世界なら起こり得るであろうこと——何かハプニングがあって、彼が帰国し、新しい人生を歩み出すこと——を無意識に待ち望んでいたような気がする、と。

もちろん、人生にロマンスはありますから、それはそれで大切にしたらよいと思います。
　ところが、それも程度問題です。本当にそのロマンスをもち続けることが自分自身の人生を大切にしているかというと、必ずしもそうでないことが多いのです。むしろ台なしにしてしまうこともあるでしょう。新しく入ってくる、もしかしたらもっと今の自分に適した輝くラブロマンスの訪れを、気がつかないうちに妨げてしまっているかもしれません。

　Sさんは、あまりにも長く一緒にいたので、「タカシ」はいて当たり前、その存在に無自覚になっていました。それを今後大切にするとかしないとか、考える余地もなかったのです。

　断捨離をしてモノと真摯に向き合うことによって、過去の恋愛と向き合わざるを得なくなる人も多くいます。
　「新しい彼氏ができれば、昔のモノを捨てられるのでは？」という声も出ました。入ってくれば出るという考え方です。

　ところがどうでしょう、パツパツに詰まっているところに、本当によいものが入ってくるのでしょうか？　過去の男性に占められている心に、新鮮な関係が入る余地はあるのでしょうか？
　逆に「『タカシ』がいるから、まいっか」という心理が、ぬいぐるみを目にするたびに無意識ではたらき、その思いは次第に強まり、次の恋に向ける意識や可能性を閉ざしてしまう原因になってはいないでしょうか？

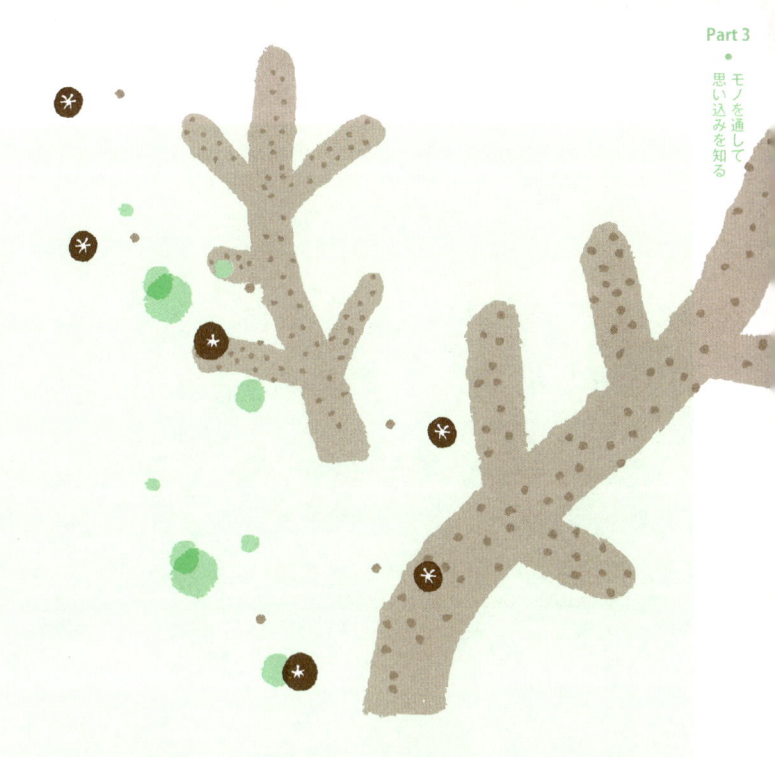

また、「過去の誰かを引きずっている人」に対して（それがたとえ友人であっても）、自分の友人・知人を紹介したいと思う人がいるでしょうか。

　「過去の誰かの名前のついたぬいぐるみ」が自宅にあるような場合、スムースに紹介できるかと考えてみると、少なからず、心理的な抵抗が生じるはずです。

　大切な人であればあるほど、傷ついて欲しくないので、紹介しにくくなるでしょう。「タカシがいてもOK」な適当な人なら、紹介できるかもしれませんが。

　こうなると、新たな出会いの可能性は自ずと狭まれてしまうわけです。

Part 4

モノを通して
人間関係を考える

「捨てる」ことは
問題に気づくこと

　断捨離をすると、自分が抱えている問題が浮き彫りになる機会が増えます。

　私の場合、服は肌触りや色など、着るタイプと着ないタイプがはっきりと分かれ、まったく袖に手を通していない服がいくつも出てきました。また、旅行先ではついつい雰囲気に流されて、自分に似合わないモノや使わないモノを買い込みがちというパターンも知りました。本は1冊をきちんと読み終わらないのに次々に新しい本を買い、それが繰り返されるうちに、同じ本を2冊買ってしまっているケースがあることにも気づきました。

　これらはすべて、捨ててみるまで気がつかないことでした。
　断捨離をすると、このように、目を背けたくなるような事実、自分の性向をまざまざと直視しなければいけないようなこともあります。逃げ出したい気持ちになりますが、もちろんそのままでは問題は解決されません。
　問題が浮き彫りになるということは、よりよい人生のための解決へ取り組む機会が提供されているということでもあります。病気になってはじめて健康について考え、それを取り戻そうと生活を立て直すのと一緒です。

これはモノとの関係だけでなく、人間関係にもいえることです。

　私の仕事仲間が、奥さんの断捨離の様子を報告してくれました。「彼女は自身のモノしか手をつけず、自分のモノはノータッチであったにもかかわらず、不快感を覚えた」といいます。頭では、部屋が片づくことは大切だとわかっている、家の中にはもう収納が追いつかないほどのモノがあり、解決すべき問題だということも理解している。ところが、彼女の断捨離を見ていると気分が悪くなるというのです。

　話を聞いていくと、「家は２人の居住空間なのに、自分が置き去りにされていくような気がする」といいました。彼女のモノではあるけれど、毎日自分も目にしていたので、知らぬ間に愛着を持っていたモノもあった。それらがものすごい速さでなくなっていくことに対して、喪失感を覚えたようです。

　奥さんは決して一気にモノを捨てているわけではなく、彼女なりにのんびりやっているのですが、仕事で１日留守にして帰ってくると、かなり多くのモノがなくなっているように感じるそうです。
　では、片づけないでほしいのかと尋ねると、決してそうではないし、むしろ片づけるべきだと考えている、といいます。

　では、どうすれば喪失感を和らげることができるかと尋ねたら、「もっとゆっくりしたペースで片づけてほしい。自分の心がついていける速度に落としてほしい」という答えにたどり着きました。

この夫婦間の問題は、お互いの気持ちを伝えるコミュニケーションが足りなかったことにありました。断捨離をしたことで、そのことが浮き彫りになったといえるでしょう。

　断捨離実践者の家庭から受ける多くの報告の中に、「夫が『妻に捨てられる』と思ってしまう」というものがあります。夫が行なう断捨離に対して、妻が同様のことを感じるケースがほぼゼロなのに対して、夫は「妻に捨てられる」と思うことが多いのです。
　これは少なからず、夫が妻に対して「何らかの後ろめたさを抱いている」ことの現われではないでしょうか。

　もしかしたら、実際にどうであるかは別として、「妻に対して適切なケアをしていない」とか、「仕事ばかり優先して家庭を蔑ろにしている」といった気持ちが潜んではいないでしょうか。
　奥さんは決してそんなことを思っていないのに、そのような問題意識が潜んでいる場合は、「決して、妻がそう思っているとは限らない。自分は自分なりのベストを尽くして仕事と家庭のバランスをとっている」と問い直すことが大切でしょう。
　もし実際に問題があることがわかっているのなら、その問題を解決するのに、どのような方法があるのかを考えてみるよい機会となるでしょう。
　それは家で過ごす時間を増やすという物理的なことかもしれませんし、夫婦の役割分担をあらためて考え直すことかもしれません。また、物理的な配分は現状のままだとしても、お互いに「いつも家事をしてくれてありがとう」「いつも家庭のため

に一生懸命仕事をしてくれてありがとう」といった、感謝の意を伝えるコミュニケーションや愛情表現を頻繁にする、ということかもしれません。

　問題が起こるから断捨離は止める——これは、一時的な問題回避にはなったとしても、根本的な問題解決にはならないでしょう。それは病気の症状を一時的に薬で消すだけで、根本原因となっている生活習慣の見直しを疎かにするようなものです。

　日々漫然と暮らしていると、「自分自身の問題が何であるか」がわからなくなりがちです。問題がどんどん積み重なって、やがてどう手をつけていいかわからなくなり、真っ白だった壁が徐々に灰色になってきても、目が慣れてしまうのです。

　断捨離で問題が浮上してきたなら、それはこの壁を白くするチャンス、問題解決のよい機会です。「この問題が解決されることによって、今までよりずっと自分らしく素敵な日々が待っている」と捉えて、ぜひ勇気をもって問題と向き合ってみてください。

「捨てられない」のはどんなモノ？
人からの
もらいモノをどうする？

　捨てるのに並みならぬ罪悪感を抱くモノの上位には、常に「人からもらったモノ」があげられます。これらが捨てられない大きな理由は、モノに人格を与えてしまうこと、すなわち、「もらったモノ＝くれた人そのもの」という思い込みによるものです。それらのモノを捨てるということは、「くれたその人を捨てることだ」という思いです。

　シャケをくわえて斜に構える、北海道土産の熊の木彫り（以下「シャケクマ」）を目にしたことがある人は多いのではないでしょうか。
　山田さんがシャケクマをくれたのであれば、「このシャケクマは山田さんそのものだ＝シャケクマを捨てることは山田さんを捨てることだ＝シャケクマを捨ててはいけない」という誤った三段論法に陥ってしまうのです。
　これはほんの一瞬の、無意識のうちに行なわれています。

　ところが実際はどうでしょうか？　モノは本当にその人そのモノ、あるいはその人の分身でしょうか？　シャケクマは本当に山田さんなのでしょうか？

基本的に、モノはモノであって、人ではありません。もちろん、なかには分身的な意味が込められていて、大切にしたいものもあるでしょう。そのような思い入れがあって、心がときめくのであれば、大いに人格を与えて大切にすればいいですし、もともと断捨離の対象にする必要はありません。

　ところが、自分の趣味でもないし、さほどご縁があるわけでもない人からもらったモノで、目にしたり手に取ったりすると不快に感じたり、あるいはどうしてよいかわからないというモノはどうでしょう？　本当に必ずとっておかなければいけないのでしょうか？

　ここで、冷静に自分自身に尋ねてみてください。それらをとっておくことは、あなたの人生に何か大きな意味をもたらすでしょうか？　望む人生を歩むことに関係がありますか？　シャケクマはあなたの人生に豊かさをもたらしますか？

　ちなみに、例にあげているこのシャケクマは、私が断捨離の講演をする先々で必ず会場の皆さんに質問することなのです。「シャケをくわえて斜に構える熊の木彫りをみたことがある人、あるいは自宅にあるという人はいますか？」と尋ねると、ほとんどの人が笑いながら手を上げます。

続いて、「そのシャケクマを見ると心がときめいて、日々大切に愛でている人、出会えてよかったと思う人はいるでしょうか？」と尋ねると全員が手を下げるのです。

どこの会場でも一緒です。おそらくこの確率からいけば、お土産に買った本人も、同じ反応ではないでしょうか。

自分自身が欲しくてしかたなかったとか、この芸術的作品に触れる感動を分かちあいたいなどと思って買う人は少ないのではないでしょうか。

そのように、あげた本人もさして思い入れのないモノを大切にとっておく意味はあるでしょうか？

ハワイ＝マカダミアンナッツチョコというように、「考えるのは面倒だし、とりあえず北海道だからシャケクマ」なんてことが予想されないでしょうか。

気持ちはわからないでもありませんが、マカダミアンナッツチョコは食べたら消えますが、シャケクマは消えてくれないのが困るところです。おそらく、私たちの死後も何食わぬ顔でそこにいることでしょう。

ちなみに私の実家には北海道土産の熊の木彫りが３つもありました。リビングルームにひとつ、和室にひとつ飾ったとしても、まだひとつ余るのです。そして我が家は別に熊好きではありません。親戚が北海道に行くたびに一匹ずつ熊が増えたのです。木彫りの熊が世に増える一方で、当の熊が森林伐採で行き場を失い、里に下りたところを人の手によって殺められるのは、なんとも皮肉なものです。

私たちの身の回りには、シャケクマに象徴される、相手があげたことすら覚えていない、あるいは覚えていたとしてもそこまで心が込もっているかどうか疑わしいものがたくさんあります。

　気に入っていないモノが身の回りに溢れていると、イライラして心のバランスを崩したり、手入れをきちんとせず埃まみれになって衛生面のバランスを崩したりすることで、不健康にもつながりかねません。

　時にはモノはモノという割り切りが肝心です。お土産やプレゼントは、モノそのものより、相手を思って何かを手にし、それを渡すことによって自分の気持ちを伝えるというやりとり＝プロセスそのものに意味があるといえるでしょう。

　気持ちはきちんと受け取ったのであれば、それで十分。やりとりは完結しています。

　「私は相手を捨てるのではない。相手の気持ちは快く受け取ったし、感謝も返した。これからも相手のことはこれまで通り大切にする。相手ではなく、ただ不要な『モノ』を手放すだけ」と健全な信念を育んでみてください。

　モノを手放しても、維持したい人間関係はきちんと維持できるのです。モノを取っておかなければ壊れてしまう人間関係は、もともと信頼関係の薄い、表面的な人間関係なのかもしれません。その人間関係を問い直すことのほうが大切なはずです。

「捨てられない」のはどんなモノ？
大切にすべき人からの もらいモノ

　次に、前述のもらいモノとは多少意味合いが異なるモノについて考えてみましょう。それは、社会的に大切にすべき人間関係が絡むモノです。

　私はこれらを「政治的なモノ」と呼んでいます。定期的に会う人間関係で、ある程度、相手の好意を大切にしていますよというパフォーマンスを見せることによって、できる限り波風を立てずに良好な関係性を保っていきたい、社会システムを円滑にして自分自身の生活の質を高めたいと思うモノです。

　要は、「ここだけはどうしても外せない」という人間関係が絡むモノ、たとえば、大切にすべき家族、たとえば配偶者の両親からもらったモノなどは多くの人にとって「政治的なモノ」となるのではないでしょうか。

　社会的動物の私たちがそのような社会面を尊重するのはごく自然なことで大切なことです。この場合、自分の趣味嗜好による取捨選択だけではなく、くれた人との関係性が問題になります。

モノそのものは趣味ではないし、見たときに不快感があるかもしれないけれど、それらのモノを持っている（ところを見せる）ことは必要で、適切なことといえます。政治的立ち回りをするのに大いに役立つモノという意味です。

　この分野で最も多いのが「嫁ぎ先の親からもらったモノはどうしたらよいのでしょうか」という質問です。というよりは、ほぼ、この一点に集約されるように思われます。
　なぜなら、仕事関係の人間関係は、家にあげたモノのチェックをしに来ることはほとんどないでしょうし、親しい友人であれば、欲しいモノ・欲しくないモノの情報を共有できていることが多いはずです（そうでなければ表面的な関係に過ぎず、親友ではないでしょう）。表面的な友人は人生での優先順位はさほど高くないはずです。
　それ以外で「ここだけは外せない」という人間関係は、自ずと家族関係に限られてきます。そのような、政治的に大切にしなければならない人物と、趣味を共有できていて、好みのモノをもらったのなら問題ないどころか、喜ばしいことでしょう。

ところが、まったく自分の趣味に合わないモノをたくさんもらってしまう場合はどうでしょう。セミナーで、参加者の方から受けた質問は、

「姑が旅行に行くたびに人形などの飾り物の土産を買ってきて、しかも旅行が大好きなので次々に増えていき、今は飾り物が何十個もあります。趣味でないどころか、不快に感じるモノなのですが、どうしたらよいのでしょうか。姑は定期的に家に来ます」

というものでした。

　彼女に姑さんとの人間関係が良好かどうかを尋ねると、人間関係は良好で、姑のことが好きであり、お土産をくれる行為自体はとても嬉しく好意的に思っているということでした。

　ところが、モノ自体がまったく趣味ではなく、すべてを飾るとスペースを取る。掃除もおっくうになり、埃が溜まるようになるので、考えただけで憂鬱になるとのことでした。

　私はここで2つの提案をしました。ひとつは、人間関係が良好ということなので、自分の気持ちを素直に伝えることです。もちろん「お義母さんのくれるモノは趣味ではありません」とストレートに伝えるのではありません。これは思いやりのないコミュニケーションで、関係性をぎくしゃくさせますし、賢い立ち回り方ではありません。

たとえば、「私はモノの管理がへたくそで、悩み果てた挙句、シンプルライフに徹底することにしたんです」とか、「ハウスダストがよくないみたいで、肌が荒れたり咳込んだりすることがあるので、家の中に埃がたまらないよう、モノを絞り込むことにしたんです」と説明してみることは有効でしょう。

　今では断捨離も世に認知されはじめているので、「断捨離をはじめたんです」とズバリそのものを伝えるのも有効かもしれません。ベジタリアンにお肉が勧められないように、ダンシャリアンにモノは禁物というわけです。

　そのときに、「あなたのせいで」というメッセージは一切発しません。主語はすべて「私」です。「私が理由でこうなった。その解決のためにこうしたらとても楽になったんです！」と心ときめかせて報告をするのです。

　それなら、姑は自分の贈り物が飾られていないことを訝ることはありません。「なるほど、彼女自身にそのような問題があったので、解決せざるを得なかったのか。問題が起こると大変だから、あまりモノをあげるのはよくないな」と気づくことでしょう。

　自己否定を感じさせず、さりげなく問題に気づくように促すコミュニケーションをすることは、最も効果的でしょう。このことにより、姑の趣味嗜好や好意を否定することなく、かつ、それらが自分のもとに流れてくることを防ぐこともできます。

もうひとつの提案は、姑が訪れるときにもらったモノのうちひとつだけを飾るということです。

　ひとつだけを飾って、「その日の気分によって変えて楽しんでいるんです」と伝えればよいのです。

　すると、「なるほど、彼女の場合はそのように活用して楽しんでいるのか」と受け取ってくれるでしょうし、シンプルライフを実践しつつ、絞り込まれたモノの中に自分のモノがあれば機嫌もよくなることでしょう。残りのモノは宝箱ならぬ、「政治箱」に納めておけばよいのです。

　まず、政治的なモノに関して、モノが趣味に合わない場合や悪趣味であった場合は、

① 　自分の気分を優先させるのか
② 　モノにまつわる人間関係を優先させるのか

　を考えます。リスクを背負って①という選択ももちろんあるでしょう。②の場合は上記で対応してみるのがお勧めです。

人をコントロールしようとする気持ちを捨てる
家族のモノで片づかない！

　部屋が片づかない理由に、家族など、自分以外の人のモノを理由にあげるケースが多くあります。

　まず、他人のモノに関しては、同意なく捨ててはいけません。
　理由は簡単、「おおむね、人のモノはゴミに見える」からです。このことを講演会で伝えると、毎回笑いがおこり、多くの人が大きくうなずきます。ちなみに、たとえ家が片づいていたとしても、他人のモノはガラクタに見えることがあります。

　私の家には、書斎にパートナーの車のプラモデルが３つ並んでいます。私から見ると、なんで似たような車のオモチャが３つも必要なんだ、ひとつで十分ではないかと思いますが、彼にとっては大切なコレクションで、心をときめかせるモノです。
　そして、逆に彼から見れば、私が毎年集めていて書斎に飾っている麻布十番祭のうちわ６枚はガラクタでしょうが、私から見ると楽しいお祭りを想起させる、そして来年はどんなデザインかなとワクワクするコレクションです。

気になる他人のモノが一掃されて、家中、すべてが片づくに越したことはありませんが、それはあくまでも自分の主観です。家庭とは共同生活の場であり、社会的な調和をとることが必要とされる場でもあるので、常に一緒に住む相手のことを考える必要が出てきます。他人のモノに関しては本人の意思や行動に任せます。勝手に手を出すことは禁物です。

　では、自分が手を下さないにしても、相手にガラクタを捨てさせるにはどうしたらよいかという質問が次に出てくるでしょう。残念ながら、他人をコントロールすることはできません。

　考えてみてください。あなたの家族がこれから家を片づけようとしている、そしてあなたのモノが邪魔をしているから家が片づかない、よって、あなたのモノを捨てるか、あなたにモノを捨てさせようとします。これに快く同意できるでしょうか？
　私たちは誰でも、相手が自分を変えようとすると抵抗が出てくるものです。それは自分自身を否定されていると受け止めてしまう傾向があるからです。否定や批判を好む人はいませんし、みな他者から認めてほしい、受け入れてほしいと思うのが自然です。

　まず、「家中全部が片づかないと機能しない」という、「全か無か」の考えを捨てることがよいでしょう。すべてが片づくに越したことはないけれども、そうでなくても生活は機能するのではないでしょうか？　まずは、目の前のできることから取り組んでみます。
　私たちにできることとは、自分のモノの管理です。誰かを批

判する気持ちからでなく、何が起きているかを観察する前向きな気持ちで、そして楽しく断捨離を行なっていると、それは自然に周囲にも伝染するものです。

　片づけば片づくほど調子よく、心地よく、幸せな雰囲気の中にいるようになり、周りもそれについついつられます。現に、断捨離は今日までそのようにして広がってきているのです。

　私の母は戦争を体験している世代で、「モノを大切にする＝使えるモノはすべてとっておく」という、極めて伝統的な信念の持ち主でした。このことに関して母（の世代）に非はありません。本当に物質に乏しい過去には、それが正しく、そうしなければ生存にかかわる事態だったのですから。
　そのようにして母は、「いつまでも長く着られるもの」を毎年買っては溜め込んでいきました。
　結果、実家の６畳の和室は、部屋の４面が押し入れやタンスに囲まれ、窓も塞ぐ衣裳部屋と化していました。寝ることができないどころか、４面の収納からも溢れた衣類が平積みとなって畳を覆い隠していました。
　今まで、過去に何度も家族は捨てるように促してきましたが、部屋が片づくことはありませんでした。妹や父が処分しようといったん車庫に出したモノも、翌日になれば母によってまた元の場所に戻るといった具合でした。

　それが、私が断捨離をしたことでなんだか楽しそうに生活をしはじめ、家族や近しい友人向けに発信しようと開設したブログにその様子を綴ると、母も徐々に断捨離に興味を持ちはじめ

ました。私は一切「お母さん、ガラクタを捨てましょう」といったことはありません。

ただただ、自分の断捨離の進捗状況と自分自身の内面的な発見を淡々と綴っただけです。なのに、親戚、友人、仕事仲間と、周囲がどんどん巻き込まれ、母も例に漏れずとなったのです。「最近は記事はないの？」とブログの更新を楽しみにしてくれるようになりました。

その後、私自身が自分の学びを深める意図でやましたひでこさんを招いて開催した断捨離セミナーに、母も参加するといい出しました。その後の数回のセミナーも母は連続受講して立派なダンシャリアンの仲間入りを果たし、彼女の衣裳部屋（もともとは寝室）である実家の６畳和室の断捨離をはじめたのです。ところが、そんな母も、初回セミナーでの自己紹介のコメントといえば、「長男や長女の置いていったモノが多くて大変」というものでした。

長女とは私です。表情は平静を保っているものの、私は心の中であいた口がふさがらないどころか、顎が落ちました。

たしかに私や兄が実家に置いているモノは少なからずあります。ところが、６畳と部屋の４面をうず高く埋め尽くしている９割以上のモノは母が50年以上保管してきた衣類なのです。

要は、母は「長男や長女のモノさえなくなればうちは綺麗に片づくのに」と考えていたようなのです。もちろん、少し冷静に振り返れば決してそうではないとわかるのですが、自分の非を認めたくないのが人の心理というものです。

そして、「誰かのモノのせいで……」というのは、私の母に

限らず、セミナーを受講される多くの人たちが見事なまでに異口同音にする言葉でもあるのです。

私は批判的精神からではなく、「お母さんも大変だったんだな」「そりゃ、そうだよな」という寄り添う気持ちを常に大切にしようと思いました。

今、実家の和室は完璧とはいえませんが、床にはモノがなく、スムースに生活ができ、いつでも人を招ける空間ができました。
母が昨年買った衣類はといえば、靴下一足とベスト1枚だけです。捨てる苦しみで「断」の精神がしっかり定着したのだと思います。今では和室の畳の上で寝られるようにもなりました。

人を変えることはできませんが、自分を変えることはできます。そして自分を変えた結果、知らぬ前に他者に影響を及ぼしていることはあります。また、これは自発的に起こっていることなので、定着しやすいのです。
自分にとって大切なことに焦点をあて、ただただ勤しみ続ける。人をコントロールする気持ちを手放すと、自然とエンロール（巻き込み）が起きるようです。
「人より、まず自分」、これが断捨離の基本のようです。

家族のモノの対処法
上手に伝えるコミュニケーション

　すでに自分のモノは片づいて、それでも人のモノが気になりだしたときはどうしたらよいのでしょうか。ただ我慢を続けたのでは精神衛生上よくありませんので、ここではいくつか効果的であると思われるアプローチをお伝えします。結果は相手次第であることは変わりませんが、次の２つのアプローチは試してみる価値があるでしょう。

　ひとつ目は、「効果的なコミュニケーションを図る」ということです。「どうせいったってわからない」とか、「私のいった通りにはやらない」などと、ついたかをくくってしまうことがないでしょうか？
　そこで思い出したいのは、コミュニケーションとは、相手を自分の好みや思い通りにするためにするものではなく、お互いの理解を深めるために行なうもの、ということです。お互いの立場を理解したうえで、お互いにとって何がより健全、または建設的かを探究していくのに役立てるプロセスです。

　健全なコミュニケーションは、常に相手に敬意と愛情を持って、誠実で対等な立場をとります。コントロールではなく、分かち合いの姿勢を大切にします。
　たとえ、思い通りに相手が動かなくても、それを許容できる

ゆとりを持ち合わせています。それでも、分かち合うことに価値はあるという立場です。相手が思い通りにいかなくても、少なくとも自分がどう思っているかを伝えることは価値がありますし、今すぐに変化が起きなくても、誠実に伝え続けたなら、どこかで思った通りに理解されることもあるかもしれません。

　あるいは自分が相手をきちんと理解して、自分が必要なプロセスをとるようになるかもしれません。

　伝えることを抑え続けたのなら、やがて伝える欲求がなくなって、それで問題が解決するかといえば、残念ながらそうではなく、意思疎通をはかりたいという欲求は、マグマのように心の中で沸々と煮え立ち、やがて爆発する日がやってくることでしょう。

　自分の中にある思いや言葉は、伝えたい相手に対して健全に伝えていくことが大切です。

　では、ただいいたいことをいえばよいのかというと、そうではなく、「伝え方」があります。私たちは身内に対してほど、そして自分にとって大切なことであるほど、相手が反対の行動をとると、断定的であったり、大げさであったり、また命令的なもののいい方になりがちです。これらのコミュニケーションを好む人はまずいないでしょう。

　次に、効果的なコミュニケーションをとるための４つのステップを紹介しますので、役立ててみてください。たとえ相手が受け入れてくれなくても、自分がいいたいことを健全に伝えられるというのは気持ちのよいことで、自己肯定感が高まります。

コミュニケーションの4つのステップ

NG 「あなたがガラクタばっかりたくさん持つから家が散らかる。捨ててよ」※断定的で大げさで命令的

ステップ1　観察からモノをいう

「私から〜に見える」といったように「観察」からものをいう。

OK 「私から見て、あなたはモノを多く持ちすぎているように見える」

ステップ2　フィーリングを伝える

ステップ1のゆえに「どう感じている」か、フィーリングを伝える。

OK 「モノがなくなりやすかったり、探すのにフラストレーションが溜まるのではないかと心配している」「埃がカビや菌などが堆積して健康を害してしまうのではないかと不安に感じている」

ステップ3　ニーズを伝える

「こうして欲しい」「こうしたい」といった自分のニーズ(欲求)を伝える。

OK 「モノの量を減らしてほしい」「減らしたい」

ステップ4　リクエストをする

「〜してくれませんか」という伝え方で、リクエストをする。

OK 「モノを減らしてくれませんか？」
「協力してくれませんか？」

※リクエストは、相手にNOをいわせるゆとりをきちんと持ち備えている。相手にNOをいわせないのはリクエストでなく命令。命令に快く応える人はめったにいない。

断定的・大げさ・命令的　VS　観察・感情・欲求・依頼

男女間では、「人からどう接してほしいか」というニーズに、少し差があるようです。

たとえば、男性は仕事を認められて尊敬されることに喜びを感じるのに対して、女性は人柄を認められて、愛する者から親密に接してもらえることに喜びを感じる傾向があります。

日ごろからこれらのニーズが満たされていれば、それを「モノをとっておくこと」で確認する必要はなくなるのかもしれません。

「あなたが素晴らしいお仕事をしてくれるおかげで、私たちは本当に助けられていて、幸せでいられる。ありがとう」という言葉があったなら、給与明細や必要以上の書類などの「過去の栄光グッズ」で自分を認める必要はなくなるのかもしれません。

「君がただいてくれるだけで幸せだ。愛しているよ」という親密な言葉があったなら、必要以上に着飾るための服や、料理上手になるための余分なキッチン道具を手放せるのかもしれません。

もちろん、これらは必ずしも言葉で伝えなくとも、その気持ちが行動や雰囲気で伝わること（非言語的なコミュニケーション）も大切です。

自分と相手のニーズを知って、それを満たすことができたなら、モノへの依存から解放される日は近づくことでしょう。

家族のモノの対処法
パーソナルスペースを意識する

　家族のモノが気になって部屋でくつろげないときの対処法として、「パーソナルスペースを意識する」ことをお勧めします。

　パーソナルスペースとはもともと心理学用語で、人間が無意識のうちにもつ個人の縄張り意識のことです。私たちは仕事の場であれ、プライベートの場であれ、公共の場であれ、日常生活のあらゆる場で無意識のうちに「自分のテリトリー」をつくり上げています。

　「ここからここまでは私に属するスペース」といったものをつくり上げて、心の安全を保っているのです。それは時と場合によって大きくなったり小さくなったりします。

　家族と一緒に住む自宅に自分の部屋があれば、そこがあなたのパーソナルスペースになるでしょう。

　職場なら自分のデスクは自分のテリトリーという意識があって、隣の机からは他人に属するものという意識が働くのではないでしょうか。自分のデスクがすっきりしていれば、隣や向かいのデスクが散らかっていても、自分の仕事には支障がないことでしょうし、さほど気にならないはずです。ところが、隣の人のモノが、自分のスペース（と意識しているエリア）にはみ出してきたのであれば、それは「侵入」になるのではないでしょうか？

　では電車や飛行機などの公共の場ではどうでしょうか？　座った椅子は、その境界までがその人のパーソナルスペースとな

って、それ以外は自分以外のテリトリーなので、あまり感知しないのではないでしょうか。

　このようにして私たちは、自分が身を置く安全なスペースを常に意識の中でつくり上げています。これがあいまいだとストレスを感じがちです。たとえば、「電車の指定席の肘掛がどちらに属するか」という意識に隣の人と差があると、イライラしてしまいます。いわゆる縄張り争いです。
　そのような境界線のないあいまいな場所だと、人によってパーソナルスペースの意識が変わってくるわけです。

　そこで、この無意識なパーソナルスペースを逆手に捉え、あえて意識して自宅で過ごすことを提案したいと思います。
　自宅に家族のモノが多くてイライラしてしまう人は、心のどこかで「**本来、この家すべてが私の思い通りに綺麗に片づいていなければいけないのに**」という思いがあるのではないでしょうか。いわば、家全体が自分のパーソナルスペースとなっている状態です。

　自分ひとりだけの所有物であるなら、パーソナルスペースが家全体に広がるのは当然の思いかもしれません。ところが、家族がいる場合、家は複数の人に属するスペースですから、この意識では摩擦が生じます。そこで、「**基本的に家は皆のもの**」「**家族や家庭というのはそういうもの**」と捉えた上で、「**ここだけは誰にも侵されない私の憩いのスペース**」を意識的につくり、そこをパーソナルスペースとして拠り所にすることをお勧めしたいのです。

たとえば私は、半年前まで都内のワンルームマンションに住んでいました。実家でいうなら、私の部屋と妹の部屋ほども離れていない距離に、まったく見ず知らずの他人が「お隣さん」として同じマンション内で生活をしています。ところが、もちろん両者とも意識的にも物理的にも明確な境界があるので、安心して暮らしています。「ちょっと、ここは私のフロアよ！ あなたの寝室、もっときれいにしてよ！」という話にはならないのです。
　家の中に、自分の部屋があるなら、ワンルームに住んでいることを想像してみて、そこは侵されない自分の聖域として断捨離をし、快適な場にされるとよいでしょう。

　もし、個人の部屋がなければ、家のどこかに１〜２畳でもよいので、自分が自分に還れる場をつくります。そこは時間によって流動的でもいいでしょう。

　現在私はパートナーと２人で生活をしていますが、「私の部屋」という区切られた空間は存在しません。２ＬＤＫの住居のほとんどは２人の共有スペースです。ところが、そんな中でも、私のデスクは私のパーソナルスペースですし、椅子やデスク隣の私の本が納められている本棚周辺までパーソナルスペースという意識があります。
　たとえパートナーが多くのモノを所持していて、私の思い通りに部屋を片づけなくても、生活は機能しますし、物理的な衛生面や安全性に問題が出ない限り、それは彼のパーソナルスペースとして尊重します。
　飛行機や新幹線で隣の人がスペースをどのように使おうが気

にしないのと一緒です。ちなみに、私のパートナーは本の数は私より多いですが、バッグの数は彼より私のほうが多いです。デスク周りは彼のほうがモノが多く、きちんと整頓されている頻度も彼のほうが高いです。要はモノの量が多くても、健全なバランスが取れています。

また、自宅で執筆をするときは（実は今この原稿を書いている瞬間もそうですが）、ダイニングスペースが私のパーソナルスペースとなります。ダイニングテーブルの椅子に座ると、窓の外に緑と空と東京タワーを見渡すことができて、私のお気に入りのスペースなのです。パートナーは夜遅くまで帰らないことが多いので、彼が戻るまではここが私の聖域となります。彼が戻ればまた２人のスペースとなるので、彼の使い方も尊重します。このように意識を切り替えることで、いちいちイライラしなくてすむようになります。

自分だけのパーソナルスペースをつくることで、「家族が思い通りに部屋を片づけない限り、私の生活や人生は機能しない」という考えから、「家族が思い通りにしようがしまいが、私の生活や人生はそれなりに機能する」という考えに入れ替えやすくなるでしょう。

人をコントロールしようとする
気持ちを捨てる
子供のモノは
どうすればいいの？

「子供のおもちゃが多くてどうしようもない。捨てていいかと聞けば全部だめという」

小さなお子さんを持つ方からは、こんな悩みが寄せられます。

ひとつ注意したいのは、子供に必要なのは「遊び」であって「おもちゃ」ではないということです。

おもちゃはあくまでも遊ぶためのひとつのツールです。

遊びは、段ボールや新聞紙、クレヨンやはさみやのりやテープがあれば十分。商業的おもちゃでなくても、子供は身の周りにあるものをどんどんおもちゃに変えていく能力をもっているのです。この創造力や想像力は大人のそれをはるかに凌ぎます。

子供にはモノを多く与えて不自由させたくないという親心もわかりますが、与えすぎることは子供の内から湧いてくる想像力や創造力や洞察力を奪うことになりかねないことも知っておきたいことです。そして、それらは人生を切り開いていくのに最も大切な要素のひとつなのです。

多くの選択肢が与えられると、豊かな気がしますが、集中力に欠け、注意散漫になったり、選択できなくなったりして、混乱を招くこともあります。

与えられた少しのモノに意識を集中し、自分の世界を広げていく、一つひとつのモノを大切に扱う、モノを慈しみ愛しむ精神を育ませてあげることが大切です。持たせないことも大切な教育の一環なのです。

欲しいモノを欲しいタイミングですべて与えることが優しさではありません。世の中には限界があること、その中で自分自身を満たすにはどうしたらよいか、ときには自分で考えさせ、生きる智慧を発揮させるような能力を養うことが、優しさであり、役立つ教育ではないでしょうか。

ここで少し、ご自身に問いかけてみてください。

子供が「たくさんのおもちゃを所有していることで他の子供たちに引けをとらず、それを誇りにしていること」を望みますか？

それともどんな状況でも創造力をはたらかせて状況を切り抜け、自分を喜ばせる力を育んでいけることを望みますか？

たくさんのモノに溢れて、ほとんどのモノをぞんざいに扱うことを望むでしょうか？　それとも一つひとつのモノを大切にすることを望むでしょうか？

外界からの刺激ばかりを求め、飽きっぽく、注意散漫になることを望むでしょうか？　それとも内に秘めている力を発揮して、好奇心と探求心を持って、大切なモノやことを自分で選べるようになることを望むでしょうか？

これらの答えに対応する行動を考えてみたいものです。

　もうひとつ、考えてみていただきたいのは、子供は常に親の背中を見て育っているということです。親自身ができていないことを子供にさせようとしても、まず思い通りにはならないでしょう。
　自分の部屋が散らかっていながら、「あなたのおもちゃのせいで家が散らかる」といっても、まったく説得力はないのです。

　子供に結果を求めるなら、まずは自分自身がきちんとその結果を出しているのかを確かめてください。子供は親の機嫌がよいことを望みます。親自身が身の回りを整え、機嫌がよければ、それが自分のためにとってよいことも簡単に理解します。

　世界にはおもちゃがなくても健やかに育っている子供たちがたくさんいます。むしろ、商業的なおもちゃがいつでも与えられる子供のほうが少なく、世界の数パーセントでしょう。

　私が里親をしているインドの子供たちは、おもちゃをもたないどころか靴を履いていません。それでもちゃんと成長していけるのです。何もないと思われるようなところからでさえ、子供は実にクリエイティブで、自分たちを楽しませることを創り出します。
　子供の力を信頼してあげてください。
　子供にいちばん必要なのはおもちゃではなく親の愛です。

おもちゃにまつわる親子のコミュニケーション

イライラしているときではなく、冷静なときに、誠実に子供と向き合って真剣に話をします。自分自身も片づけをしてきていないなら、そのことを素直に認め、一緒に違いをつくる努力をすることを約束します。

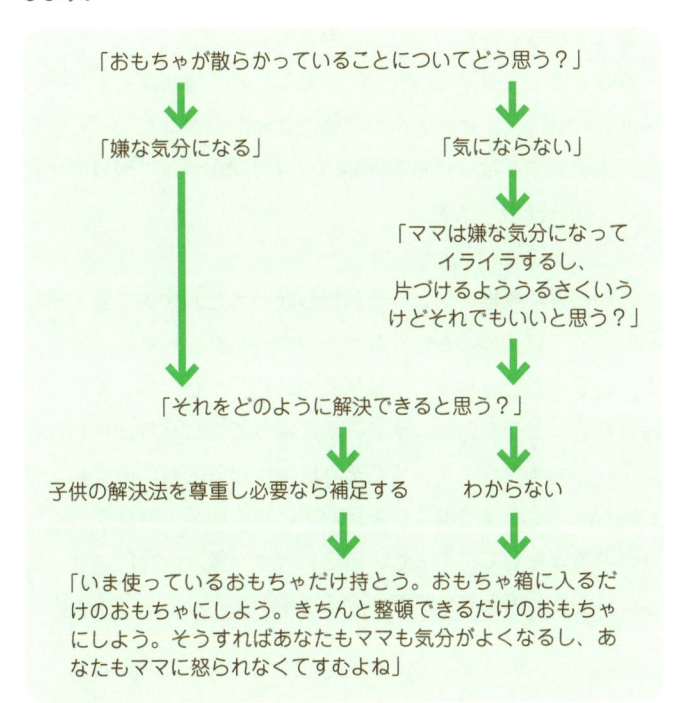

```
               「おもちゃが散らかっていることについてどう思う？」
                    ↓                          ↓
            「嫌な気分になる」              「気にならない」
                                               ↓
                                    「ママは嫌な気分になって
                                        イライラするし、
                                     片づけるよううるさくいう
                                     けどそれでもいいと思う？」
                                               ↓
                    「それをどのように解決できると思う？」
                    ↓                          ↓
         子供の解決法を尊重し必要なら補足する     わからない
                    ↓                          ↓
      「いま使っているおもちゃだけ持とう。おもちゃ箱に入るだ
      けのおもちゃにしよう。きちんと整頓できるだけのおもちゃ
      にしよう。そうすればあなたもママも気分がよくなるし、あ
      なたもママに怒られなくてすむよね」
```

この話し合いで子供が理解したなら、期限を決めて（話し合いのもと）断捨離を実行。

① 壊れているモノは捨てる
② 使えるモノは他の子供たち（とくに小さい子供たち）にあげるか捨てる

※リサイクルは他の子供たちの幸せに役に立つことを教え、その行動を褒め、誇りをもたせる
※アメリカのある文献によれば、旬なおもちゃ10個程度を意識してリサイクルさせるのが有効なようです

思い出のつまった遺品は どうすればいいの？

　愛する家族の遺品の整理は心が痛むものです。
　さまざまなモノのなかでも、「遺品」の断捨離はとくに、思い入れの強いモノと向き合う感傷的な時間が多くなることかと思います。まずは、焦らずにじっくり時間をかけて取り組まれることをお勧めします。

　このときに無理に悲しみを我慢しないことが大切です。悲しみの涙で、自分の心も亡くなった人の魂も洗われることでしょう。きちんと悲しんで、心に平安が訪れてから、ゆっくり取り組まれることをお勧めします。人によっては数ヶ月かもしれませんし、半年から1年、またそれ以上かかる人もいるでしょう。もちろん、心が落ち着くのを待たずとも、遺品の整理をしながら心の整理をしていく人もいるでしょう。無理のないよう、しっくりくる選択をすることが大切です。

遺品を整理するときに、残すモノ、処分するモノの判断はエネルギーを使います。そのせいか、最近では業者に遺品整理を頼む人も増えているようです。これは負担を肩代わりしてくれる第三者です。思い入れの強いモノ、使えるのだから捨てるのは忍びないというモノ、自分がどう活用していいかわからないモノを、必要とされるモノは必要とする者のもとへ流れていくようにしながら、適切に処分をしてくれます。このような第三者を活用することも有効でしょう。

自分で整理をするときは、判断が大変かもしれませんが、時間とエネルギーをかければ取り組める作業です。

判断基準はいくつかに分類されると思います。判断の難易度を記すと次ページのようになります。

※「使う」という言葉には、必ずしも道具として手に取るという意味だけではなく、愛でたり、それがあると自分を幸せな気分にしてくれるという精神的な意味も含みます

①　故人が大切に使っていて、自分も大切に使うモノ
本人が大切にしていたモノと自分も大切に思えるモノが合致するなら、それは残すモノとなるでしょうし、これらを選ぶのは楽な作業です。

②　故人は大切に使っていなかったが、自分は大切に使うモノ
本人はそれほど大切にはしていなかったけれども、自分は有効に使うというモノがあればそれも残します。これも比較的楽な作業です。

③　故人が大切に使っていなかったし、自分も大切に使うとは思えないモノ

④　故人が大切に使っていたかどうかわからず、自分は大切に使うとは思えないモノ
本人も自分も価値を感じられないモノは処分したらよいでしょうし、判断には困らないでしょう。

⑤　故人は大切に使っていたが、自分は大切に思えないモノ
悩ましいのは、本人は大切にしていたけれども、自分はそうは思えないモノ。おそらくこれらは遺品の大半を占めるのではないでしょうか。

基本的に遺品は人のモノですから、自分にとってはなくても生活していけるモノです。物質的なモノとしては必ずしも必要ではないわけです。よって、センチメンタルな部分をどう取り扱うかという問題になってくると思います。故人の思い出や心を込めるモノを選ぶ作業です。

　これには自分のもっている死生観が健全か、不健全かが問われることにもなります。
　物質主義で、人間は死んでしまったらすべて終わりという死生観であれば、「生きた証しのモノ＝遺品」に固執することになるし、苦しみをもたらすでしょう。逆に肉体は滅びても、意識や魂はまだ存続するという死生観であればさほどモノ＝遺品に固執することもなくなるでしょう。

　遺品を処分するときに抵抗として出てくる思いは、おそらく次のようなものが多いかと思います。
　「これらの遺品を捨てることは故人を捨てることだ」
　「残す遺品の量は、私が本人に対してどれだけ思いを持っているかを表わす証拠だ。本人への思いを証明するために、モノを多く残さねばならない」
　「遺品を整理したら本人の魂は悲しむに違いない。悲しませてはいけないからすべてとっておかなければいけない」
　「故人が持っていたモノに魂が宿っている。魂を粗末に扱ってはいけないから捨ててはいけない」
　などといったものではないでしょうか。

遺品を処分することはモノを処分することであって、故人を捨てることではありません。また、遺品の量が故人への思いの量だとも限らず、モノに収めなくても、故人への思いは自分の心の中にきちんと収まっています。遺品を整理したら故人が悲しむとも限りません。いまはすでに、物質的な世界から解き放たれて、価値観がガラッと変わっているかもしれません。

　少し想像してみましょう。故人がこんなことをいっているとしたらどうでしょう？
「いや、実はね、私も生前にガラクタの処分に困って大変だったんだよ。どう手をつけてよいかわからなくってね、先延ばし体質なもんで、処分しないままで一抜けしちゃった。結果、あなた（たち）にやりたくない作業を押しつけちゃってごめんね。そして私のために難しい取り組みをしてくれてありがとうね。本当にありがとう」
「あ、ついでなんだけどね、私の分だけじゃなくて、蔵の中に先代の分もあるから、もう好きに処分しちゃって。すっきりして子孫が楽しく豊かに生きてほしいからね」

　なんていっているかもしれません。また、逆にあなたが故人となったなら、そして残されたものが同じように悩んでいたらどのように伝えるでしょうか？　想像してみてください。

「いや、故人は執念深かったから恨むに違いない」と思うなら、それも捉え直してみましょう。そうとは限りません。仮にそうであったとしても、他人の感情は他人の思い込みがつくり出すものであって、あなたの行動そのものがつくり出すわけで

はありません。あなたは悪意からではなく、困り果てた結果、思いやりも敬意ももって、誠心誠意の最善を尽くしているだけです。それを他者がどう捉えるかは、他者の問題であって、あなたが責任を負えることではありません。

　自分以外の人に使われないでください。あなたはあなたにできる最善を尽くすのみです。それ以外のことは、誰にもできません。

　思い出は、モノの中ではなく、心の中にきちんとしまっておければ十分、故人もモノを大切にするよりも、心の中で自分の存在を大切にしてくれたほうが喜ぶはずです。
　故人の残したモノより、故人の魂との関係を大切にしてください。

モノと心のストーリー **5**

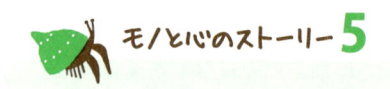

器が足りない　その1

　親戚の家の断捨離をしていたときのことです。

　6畳一間の彼女の家から驚くものが出てきました。

　それは20個以上のカゴと100本以上の瓶でした。ぱっと見ただけでは、そんなに多くのカゴや瓶があるようには見えません。ところが、押し入れの中、テーブルの上や下、シンクの上や下、洗濯機の脇、窓のサンなど、あらゆるモノの脇や影から大小さまざまなカゴと瓶が出てきました。

　カゴや瓶の中に何かが大切に収められているかというと、必ずしもそうではありません。

　カゴには布巾が1枚だけ入っていたり、カゴがなくても収まるようなかばんや帽子が入っていたりで、空っぽのものもあります。瓶も同様で、2本にドライフラワーが入っていた以外は、水が入って苔のついた状態のものが数本、あとはすべて空でした。

　では、カゴや瓶自体をコレクションしているのかといえば、目を楽しませるような個性があるカゴや瓶というわけでもなく、とりたてて飾られているわけでもありません。彼女自身も、なぜそんなに多くのカゴや瓶を持っていたのかと驚いていました。

　彼女は芸術家で、シンプルライフを目指すナチュラリストです。山や畑に囲まれ、焚火の香が漂うこのアパートに引っ越してきたばかりのころは、すっきりしたこの部屋に身を置くと、心もすっきり、ほっとして、

リラックスできる場所でした。

　私も年に数回、彼女の家に泊まってボケっと山を眺めたり、蛇口を捻れば出てくる温泉水を湯船に張ってのんびり浸かるのが楽しみでした。

　ところが、数年たった今となっては当時の面影はまったくありません。リラックスからは程遠い、混乱の部屋と化していました。

　尋ねれば、仕事が忙しくて休む暇もないようです。また、仕事で悩みも抱えていました。
　いずれ独立をするのが彼女の人生プランで、独立に向けて修行をしていたのに、その計画がどんどん延びていきます。会うたびに、「いつまで」という期限が延びていくのです。
　いざ独立しようというときに限って職場がとても忙しくなってしまい、この忙しさが落ち着くまではと、辞めるのが数ヶ月後になる、この状態が何度か繰り返されていました。そしてなかなか辞めるタイミングをつかめなくなっています。
　もちろん強行突破する手もありますが、できれば穏便に職場を去りたいというのが彼女の心情で、その気持ちもわかります。

　ところがそのパターンが何度も繰り返されるので、さすがに私も首をかしげました。じっくり話をしたら、「辞めて独立したいのに状況が許さない」といいます。上司に伝えたかと聞けば、伝えているつもりだけど上司が本気にせず取り合ってくれないといいます。

　（→ 186ページに続く）

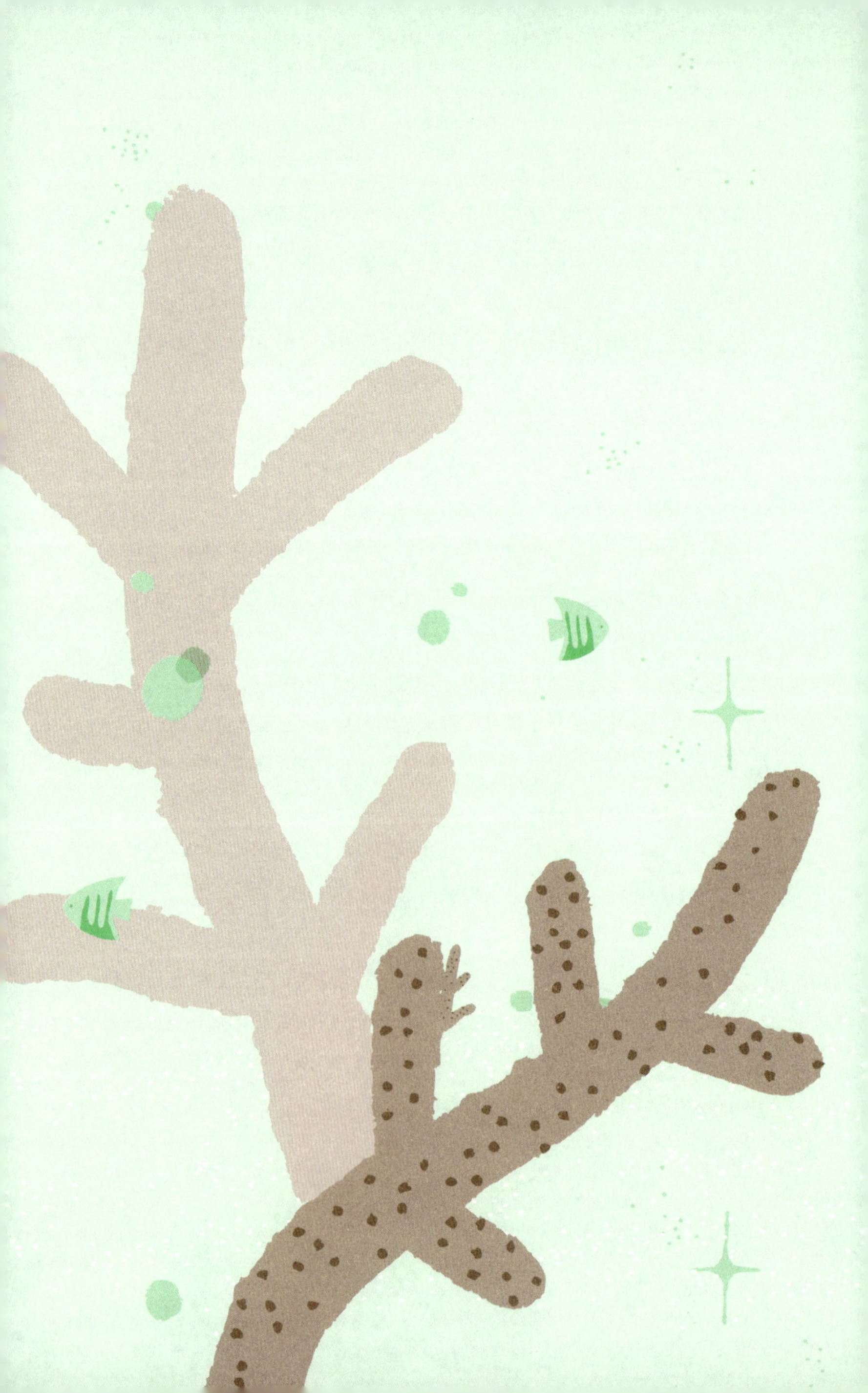

Part 5

どんなこと・どんな変化にも対応できる自分になる

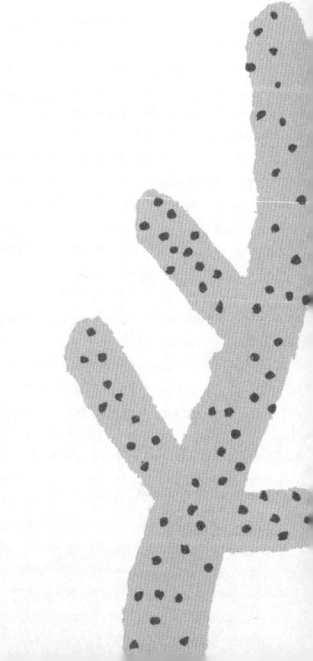

断捨離で、
凛とした人になれる

　断捨離をした結果、自分をモノに合わせなくなり、「他者に対して無理に合わせる必要がないことに気づいた」という声がたくさん寄せられています。

「今までは人に対してつくり笑顔の多い自分だったということに気づいた。断捨離をした後は自然とそれをしなくなっていった。自分らしさを取り戻しはじめ、人生が楽になりはじめた」

「断捨離する前はイライラしたり不安に感じることが多く、人生がパッとしなかった。いつかどこかで素敵な誰かが、私をそんな状況から引っ張りだして、楽で幸せな人生を提供してくれないかという他力本願なところがあった。だから人に必要以上によく見られようと、人に合わせていたように思う。断捨離をしてからは心も穏やかになり、人にそれをしてもらわずとも、自分で自分の人生を楽にできることがわかった」

　といったものです。

　誰でも、人に見せたくない部分、後ろめたい部分があると、どうしても自分自身に対して「OK」といってあげることがむずかしくなります。すると、他者から「OK」といってもらう

ことで自分が「OK」であることを確認しようとする心理が働いてしまいがちです。

　自分自身を認める、自己承認という基本的な欲求を自分で満たすことができないので、代わりに他人に満たしてもらおうとしてしまうのです。

　いわば依存した状態ともいえます。

「私はあなたによくしますよ、だからあなたも私によくしてください。そしてよい人と評価してくださいね、そうしたら私も私がいい人だということを認められて安心できますから」

　という心理です。

　ところがこの状態は矛盾を生み出してしまいます。自分を一番よく知っている自分は、取りつくろっている自分だということを知っているわけです。

　たとえ、人が認めてくれたとしても、それは真の自分ではなく、取りつくろっている自分に対しての評価だということを知っています。さすがに自分自身をごまかすことはできないので、これは苦しい状態です。

　また、人というのは物事を評価するときに、自分の都合や好みで評価を下しがちです。その人に利益をもたらしたり、好みの状態をもたらすならよい評価をするでしょうし、逆なら悪い評価をするでしょう。真の評価は自分を最もよく知っている自分のみしかできません。

　大切なのは自分が自分自身をOKと許可してあげることです。それをしやすい考え方や状況をつくることです。これは自分がなりたい自分に近づくほど、信じやすい状況が生まれます。

もちろん、なりたい自分の理想が高すぎて、あまりにも現実とかけ離れているものであったり、自分で影響が及ぼせる範囲外のことあれば、その考え方（理想）自体を見直す必要があるでしょう。

　たとえば「万人に好かれなければいけない」「常に笑顔でいなければいけない」といったものは、非現実的で、実際に影響を及ぼしにくいことです。それらは考え方自体を修正する必要があります。

　部屋を片づけて心地よく過ごす、または心地よい場を提供するというのは、自分が実際に影響を及ぼせる範囲のことで、理想的なことです。

　なりたい自分になるための第一歩にうってつけです。

　断捨離をすることで、努力することなく部屋が片づけば、努力することなく無意識のレベルで自分を肯定できる状態になります。望む状態をつくり出せていることに、「私はＯＫ」の評価を出せる状態、他人の評価に依存せず、自立した状態で、解放感が得られることでしょう。

　これは私たちが心の底で欲しているものではないでしょうか。

断捨離で、
自分に正直になれる

　自分の軸で動く、すなわち、自分のニーズ（心理的欲求）を満たすことは、なんとなく「他人を顧みない自分勝手でわがままな行為」と思い、抵抗のある人も多いのではないでしょうか。

　でも、ここで考えてみましょう。自分のニーズを満たす、自分に正直になることは、決して勝手・わがままな行為ではなく、結果的に自分自身だけでなく、他者、世の中との調和をもたらすことにもつながります。

　勝手やわがままというのは他人のことは一切配慮せず、自分さえよければよいという姿勢のことを指します。今、「わがままなのではないか」「迷惑をかけるのではないか」と悩んでいる時点で、すでに他者のことを考えているという証拠であって、わがままではないといえます。

　人は長期にわたってニーズが満たされないと、さまざまな病気を発症することも科学的研究から明らかになっています。ニーズを満たすことは生きる目的にも通じます。

　私たちはみんな幸福を体験したいと思っています。これは人間の抱く極めて根源的で、純粋な欲求です。そしてよい欲求です（日本国憲法でも幸福の追求は私たち全員に保障されている権利です）。

　そして、幸せを体験することができるという動機があれば、

さまざまな困難も乗り越えることができます。自分のことはすべて我慢して、人のためにという姿勢は美しいですが、これが長期にわたって続くと、人の心は荒んできてしまいます。

　人に尽くしているのに人から反応がなかったり認められなかったりすると、本当は人に優しくありたいのに、意地悪な気持ちになってしまうこともあります。ときには恨みの念すら抱くこともあるかもしれません。

　モノと向き合い、自分にとって不要・不適・不快なモノを取り除いていくにつれて、自分は何を欲しているのか、何が満たされていないからストレスとなっているのかがわかってくるでしょう。さらには、何を実現したいのか、人生に求めるものは何か、どんな感覚をもたらしたいのか、自己のニーズをきちんと知って、それらのニーズを満たしてよいと許可を与えることが大切です。もし、自分のニーズを満たすことができたのであれば、幸せを感じるでしょう。

　そして幸せなときには他者に対しても自然と優しくなれて、その人にも自分と同じ幸せが訪れることを自然と望むことができるようになるでしょう。
　心の欲求が満たされているときは、いつもは気になるささいなことも、寛容に受け入れることができるようになります。何かを無理に我慢して、ストイックに自分を鼓舞しているときは、どうしても心の底で他人にも「そうあるべき」と求めてしまいがちです。
　優しいふりをすることはできても、真に優しくあることはむずかしくなってしまいます。無理をせずに、自分が満たされれ

ば、他人も満たしたくなるという、自然の摂理や心理を利用して、より多くの人の幸せを実現できるようにしたいものです。

　幸せを体験することは、人生の目的を達成すること。充電した幸せのエネルギーが自分から溢れ出て、どんどん周りの人を満たしていくことを想像してみてください。
　自らを幸せにすることは、他者の幸せにつながり、世の中全体の幸せにつながることでしょう。

自分軸がわかると
他人軸がわかる

　断捨離をして、「自分自身を大切にもてなす」ことができるようになると、それを人にも当てはめることができ、相手が「相手自身を大切にしてもてなす」ことの大切さに気づくことができるようになります。結果的に、色々な軸でものが見られるようになり、その時々に役立つ、効果的なものの見方ができるようになります。

ダンシャリアンKさんは、断捨離を通してモノと自分の関係を問い直すうちに、「自分にとって必要なのは大量の洋服ではなく、自分の生活を支えてきてくれた本や音楽であることに気づいた」といいます。

　20年間渡り歩いてきた音楽・出版関係の仕事も、これらの本や音楽のおかげでなんとか食べてこられていると気づいて、感謝の念を抱いたそうです。

　大量の洋服をリサイクルショップに売却したところ、なんと合計50万円の収入につながりましたが、それよりも大きかったのは、断捨離の過程で、真の「軸」がつかめたことだといいます。不要・不適・不快なモノを処分し、結果的に「自分軸」だけでなく、「他人軸」の感覚もつかめてくるようになりました。

　断捨離セミナーを受けた1ヶ月後、初出場のプレゼンコンテストで優勝しました。

　コンテストの数日前に断捨離をしていたら、急に「受け手軸（他人軸）」の組み立て方が目の前に開けてきて、プレゼン資料30ページを一晩ですべて書き換えたのが勝因となったそうです。

　今までは、プレゼンは苦手なほうだと思っていたので、大きな自信になりました

　ダンシャリアンOさんは、自分が断捨離をしたことで、お父さんも断捨離をはじめ、結果的に「お父さんとの会話が増えた」といいます。

　古いものを一緒に片づけながら、亡くなったお母さんの思い

出話や、昔はお金がなくて苦労した話など——。

　お父さんが空き箱や紙袋を溜め込んでいたのは「まだ使えるのにもったいないから」だけだと思っていたのが、じっくりと会話をすることで、「たくさん苦労したからこそ、モノを本当に大事にしてきたんだ。私たちを育てるために一生懸命働いてくれたんだ」ということに気づくことができた、そこであらためて感謝の気持ちが湧いてきたそうです。

　Kさん、Oさんの話にもあるように、「まずは自分からはじめる」、これが基本です。すると、人のことも見えてきて理解できるようになるのです。

　よく、「自分に厳しく、人に優しく」といいますが、実際は「自分に優しく、人にも優しく」です。よほど鍛錬された人なら別ですが、基本的に自分の欲求が満たされないことには、ゆとりがなく、なかなか人の欲求までは満たせないものです。

　自然に他人の欲求を満たせるようになるには、まず自分の欲求を満たし、相手を受け入れるゆとりをつくる必要があります。たとえば、自分も相手もお腹が空いているときに、自分だけ我慢をして目の前の食べ物には手をつけず、相手のお腹を満たそうとするのには無理をしなければなりません。
　そして、無理をして与えたなら、その分の見返りをどこかで期待しがちです。

　ところが、自分のお腹が満たされていれば、見返りを求める

ことなく、相手に与えることができます。相手から感謝されようがされまいが、特に気にもとめないでしょう。

　自分に厳しくしすぎて欲求を満たさないでいると、結果的には人にも厳しくなってしまうか、人にも「あなたも自分自身に厳しくあるべきだ」と求めてしまうでしょう。

　表面的に「やさしくふるまう」ことはできても、真から「やさしい存在である」ことはむずかしくなってしまうのです。全体との調和を取り戻す意味でも、まず自分自身の中に調和をもたらすことが大切です。

　人を理解し満たしたいと思ったのなら、まず自分を理解し満たすことです。
　そのことによって「満たされること」に対する想像力が増し、思いやりの心を育むことが可能になります。
　「自分軸」は勝手わがままになることではなく、真に人を思いやること、「他人軸」にもつながるのです。

運をひらける
自分になる

　断捨離をすることで、日常生活に望ましい結果がどんどんもたらされるという経験は、私だけでなく、多くの方に起きていることです。

　仕事であったり、家族との関係であったり、異性との関係であったり——いずれにせよ、その人が問題意識を持っていて、よくなったらいいなと思っていることに、実際によい変化がもたらされるというものです。あるいは、特に問題意識があったわけではないけれども、結果的に大切だったことに気づいて変化がおきたということもあるでしょう。

　このように聞くと、我先にといわんばかりに、断捨離様の御利益をいただくには、ただモノを捨てりゃいいんだなと表面的な考えで断捨離しようとする人が出てくるかもしれません。残念ながら、くり返しお伝えしているように、断捨離は決してそのように現世利益的に機能するものではありません。

　断捨離をすると、ムダなものが排除され、真に大切なものに注力できるようになります。今まで「宝がガラクタに埋もれていた」のが、ガラクタが取り除かれた結果、「宝だけが周りにある」という状態になるのです。
　これは部屋の状態だけでなく、人生の優先順位や取捨選択の基準に現われます。「なんでもかんでも」ではなく、本当に必

要なものだけに意識を向けるようになれば、自分に必要なものを得やすくなるのは当然でしょう。

ガラクタに埋もれた人生の中に宝を見つける能力に長けてくるのです。やがて、人生に宝ばかりを見つけだすようになるようです。

虎穴に入らずんば虎子を得ずということに気づき、虎穴を見つけ、そこに入りはじめるということです。

これは簡単なことでしょうか？　いいえ、大変むずかしく、勇気のいることです。そういった意味では、断捨離はまさしく「行」だと知るでしょう。

ならば面倒だと問題は先送りにし、虎子がいつか出てきて私のところにきてくれないかなぁ、誰かが虎子をとってきてくれないかなぁ、おまじないでもすればいいかなぁと、他力本願で、自分自身で問題に向き合い努力することを怠ってきてしまうのです。

断捨離をはじめるということは、そのような姿勢を正しはじめたということです。自ら虎穴を見つけ、そこに入るのが上手になるということです。

その意味では、「誰かに断捨離をやってもらうこと」はどうでしょうか？　これでは自分自身で何が必要で何が不要かを選択・決断していく努力を怠っているので、部屋がすっきりしたり、衛生面が保たれるなど、ある程度の物理的な恩恵はあっても、根本的に自分自身の人生によりよい影響を起こすという能

力は開発されないでしょう。また、部屋も時間がたてば元の木阿弥、ガラクタだらけになることでしょう。

　断捨離をして輝き始めた人は、同じように努力をして輝いている人と同調し、互いを引き寄せ合うでしょう。これは磁力のようなはたらき、あるいは光に虫が吸い寄せられるようなはたらきに似ています。
　いずれも自分がエネルギーを発していたり、光を放っていなければ、何も寄ってはきません。望む結果を引き寄せたり、運を開くというのは、自らそのことに率先して最大の努力をし、結果を宇宙の叡智にゆだねている状態といえます。

　努力が報われ結果を出せば出すほど、人間は人生や世の中に対して楽観的になれます。人にも優しくなれるものです。
　多くのものにしがみつかなくても、人生はうまくいっているということを経験しはじめ、人生のフットワークはどんどん軽くなり、さらに好ましい状態を引き寄せるのでしょう。上昇スパイラルに入っていくようです。

　では、人生に困難はなくなるのか？　それも残念ながらＮＯです。生きている以上、人生にはさまざまな困難はつきものです。ところが、困難に直面しても、素直さと謙虚さを忘れず、問題に真摯に向き合い、常に前向きな姿勢でそれらの困難を乗り越えることができるでしょうし、それらの体験から学び、さらなる肥やしにしてよりよい未来へ反映させる力をもつことができるようになるでしょう。

高野山の大僧正が、「宇宙には叡智が遍満している。私たちに必要なのは、答えはいつでもそこにあると信頼し、心を研ぎ澄まして、それらの遍満している叡智と繋がることだ」とおっしゃいました。

叡智とのつながりは、ときとして直観やひらめき、シンクロニシティーなどで現れるかもしれません。心が研ぎ澄まされ、常に必要な答えを得ることができたのであれば、人生には迷いがなくなっていきます。

「研ぎ澄ます」とは、研ぐ、すなわち削ることによって、澄んでゆく状態、心が澄んだり、状況がクリアに見渡せる状態。

すべてを見えるかたちで全部取っておかねば、自分の半径数メートルのスペース(宇宙)で処理せねばと執着したなら、心もスペースも研ぎ澄まされるどころか、濁る一方ではないでしょうか。

宇宙は広く、叡智にみなぎっている。望み通りのものを望み通りのタイミングやかたちで提供してくれずとも、必要なものを必要なタイミングと必要なかたちで与えられる——信頼して手放してみませんか。

離れてはじめて
わかること

　「不要・不適・不快なモノを断ち、捨てると、わずらわしさから離れることができる」というのは断捨離の定義ですが、最後の「離」の状態に関して、私にはもうひとつの気づきがありました。

　それは、モノから離れてみたからこそ、モノの「本当のありがたみ」がわかったということです。

　私が日々仕事をしている医療現場で、患者さんの多くが口にするのは、病気になってみて、すなわち、健康な状態から離れてみてはじめて、健康のありがたさがわかるというものです。

　親から離れてみて親のありがたさがわかったり、出張で家族としばらく離れてみて家族の存在のありがたさを知る。断食してはじめて、食べ物の本当の味とありがたさがわかる。山に登れば、飲み水のありがたさとおいしさが身にしみます。

　私はアメリカに住んでみてはじめて、日本のよさを理屈ではなく、心と身体で感じ、日本人でよかったと、日本人であることを誇りに思えました。

あちらにいるときは、日本食スーパーが1軒でもあれば感謝できました。いまでは、「このスーパーは雰囲気が好きでないからあっちのスーパーにしよう」などと食材が手に入るだけで感謝する姿勢は忘れています。灯台下暗しで、いつもそこにあるものは価値を見つけるのがむずかしくなります。

ひとつあれば素晴らしいのに、いつのまにかそれはあって当然のものとなってしまい、もっともっと……となる。「モッタイナイ」ならぬ、「モットタリナイ」精神が膨らんでしまいます。
　子供がひとつのおもちゃでは飽き足らず、もっともっと、あの色もこの色も、あの種類もこの種類も、となるように、ひとつのことに感謝して取り組む姿勢を忘れがちです。

離れた所に立ってみてはじめて、ものごとの本質が見えてくるというのは、なんとも皮肉なものです。最初からわかっていれば世話はないのですが、人間とはいかにも不器用な生き物。断捨離のように修行でもしないと、きっと到達できない境地なのでしょう。

もし地球から離れることができたのなら、私たちはもっと地球に感謝し、愛することができるのでしょうか。おそらく地球上の人間全員が生きている間にそれをすることは不可能でしょう。わざわざそうしなくても、それができるような精神性を身につけたいものです。そう、手遅れになる前に。私たちにできること——とりあえずは目の前のモノからとりかかりたいものです。

モノより経験を

　カナダに両親と８日間の旅行に行ったとき、私の荷物はトートバッグひとつと、背中に小さなバックパックひとつでした。
　これまで経験してきた観光旅行の中では最も長い旅、ただし、最も荷物の少ない旅でした。バンクーバーから汽車に乗り、カナディアンロッキーを８日間巡る旅でしたが、持ち物はトートバッグで済んでしまったのです。
　荷物を見た知人は、熱海１泊の旅行にでも行くのかと尋ねたほどでしたが、決してみすぼらしい旅ではなく、いつになく充実した旅でした。

　バンクーバーからの移動に使った寝台車には、１畳ほどのスペースにすべてが揃っていました。
　ツアーガイドさんはこのスペース「独房」と呼び、なるほど頷ける部分はありましたが、これが私にとっては実に快適なスペースだったのです。
　ムダは一切排除され、何泊も旅するのに十分な機能が備わっています。プライバシーも衛生も保たれ、何も困らないのです。ベッドなどは、もしかしたら私の自宅のマットレスより質がよいのではと思える心地よさでした。
　そんなスペースではすぐに飽きるかと思えば、ホテルと同様で、むしろ、本を読んだり、書きものをしたり、想像力も豊か

になり、頭の整理をするのにも打ってつけの空間となりました。

　気が向けば、食堂やラウンジで、ご縁ある旅人たちと交流して、会話を楽しむこともできます。
　そして何より、車窓には息をのむような雄大な景色が流れ、心を洗ってくれます。目覚めると列車は、茜色に染まる荘厳な山々が映る水面の脇を走る。「うん、モノはそんなにいらない、これらこそ人生に真に求めるものだな」と心の底から実感する瞬間でした。

　荷物が少ないので、興味が湧いたなら、迷わずあちらこちらフットワーク軽く移動することができました。持ち物が少ないと、管理のエネルギーも少なく、万一事故でモノを失っても損失も小さくて済むので、あまり気になりません。
　その分、多くの体験と感動を手に入れることができます。軽やかで満ち足りた旅となるのです。
　「こういうこともあるかもな、ああいうこともあるかもな」と、ヘアドライヤーもヘアカーラーもと多くの「もしも」を想定して、結果的に半分以上のモノや服は使わなかったという、スーツケースぎちぎちの「重い旅」とは大違いです。

　人生の旅もまた同じことではないでしょうか。
　人や自然との出会い、ふれあい、刺激、達成感、新しいことの創造やチャレンジ、価値観の共有、それらから得られる感動は私たちの人生を満たす大きな要素となるでしょう。
　どれもモノを溜めることでは得られないものばかりです。

「おくりびと」という映画を観たことがあるでしょうか？

その中で、私が心に響いたシーンがあります。それは、死ぬ際に、持ち物（財産）が段ボールひと箱しかなかった父親を見た主人公が、「なんだったんだろう、この人の人生って……70数年生きてきて、残したのは段ボールひとつだけ……」とぼやく場面です。

私はこのシーンを見て、逆に「なんてシンプルな人生なのだろう」とうらやましく思いました。

モノは段ボールひとつ、大変な人生だったけれども、彼は人生でもっとも大切なもの＝息子との絆、そしてそれを象徴する石ころひとつを握りしめて死にました。

生き抜く過程でも、死を迎える過程でも、人生で最も大切なものが常に明確で、それ以外は一切削ぎ落されている。そして、そのことが息子に伝わる。質素ではあるけれども、その潔さ中の中に美しい真実が宿っています。

　多くの人が一生のうちに得たくても簡単には得られないものを携え、シンプル故、それがきちんと伝わった。私も主人公のお父さんのように生き、死を迎えたいものだと思いました。

　モノは少しでいい。数々の経験やそこから得られる人生の深さや奥行き、そして感動を大切にしたいものです。

モノと心のストーリー **6**

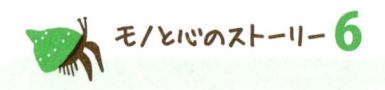

器が足りない その2

（→ 163 ページから続く）

なるほど、おそらく彼女もいい子を演じてしまい（実際にいい人なのですが）、衝突を避けてあいまいなコミュニケーションをしているのだろうな、辞めることが相手に不都合をもたらすのでいいにくいのだろう、自分より、相手主体に仕事をしているのだな、と感じました。

もちろん、社会生活を営む以上は、周囲の意を汲み取りながらバランスをとる必要があります。ところが、彼女はあまりにも自分を殺しすぎ、相手に合わせすぎていました。

健全に対等に主張するべきところも、むしろそのほうが相手に対して誠実であるところも、波風を立てないよう、無理と我慢をして押し殺していたのです。

波風を立てなければ目標が達成されるのであればまだしも、そうでもありません。

おそらく、上司は彼女の本気度がわからず、忙しいこともあって、「とりあえず落ち着くまでは」と取り合わないのではないか、という像が浮かびました。

上司に頼まれると「NO」といえない、常に相手の期待に「YES」で応える「いい子」の彼女に、再三再四おなじ状況が繰り返されると、やがて彼女は体調を崩しはじめました。

自分のニーズが長期にわたって満たされず、その状態が慢性化すると、人は病気になるということがわかっています。私たちを守る自然界のメカニズムともいえます。病気は私たちに「自然（＝本性）から離れてしまったからもどりなさい」というメッセンジャーであるといえるのです。

　その結果、彼女は仕事を休みがちになりました。
　頭痛、空咳、全身のだるさ……朝は調子が悪く、夕方になってようやくエネルギーが出てくるといいます。近所の病院で内科に受診しても何も悪いところはないといわれます。「心身症だな」とみてとれたので、私は彼女に知人の心療内科医を紹介しました。診断が下され、少なくとも数ヶ月は仕事を離れなれなければいけなくなりました。
　こうなれば、さすがに彼女も変化を起こさずにはいられません。職場や上司に対して、「NO」といわざるを得ない状況になったのです。
　いうなれば、人生の断捨離です。

　彼女の人生に比例して、家も混乱していたわけです。埃や菌が堆積すれば体調はますます悪化します。混乱する家にいると体も頭も休まらず、さらに疲れが溜まり、片づけるエネルギーはどんどんなくなる、エネルギー低下で仕事の効率も下がりミスも多くなるという悪循環に陥っていました。
　自宅の断捨離をしたくても、エネルギーがありません。そんなSOSコールに応えて、私が断捨離のお手伝いに行きました。
　そして出てきたのが20個以上のカゴ。

これは彼女が自分を犠牲にして、他者や世の期待、すべてを受け入れようともがく姿が部屋のかたちが表われているのだなと直感しました。すべてを受け入れなきゃ、ひとつじゃ足りないから、2つ、それでも足りないから3つと、心の受け皿を増やすかのように、部屋にカゴが増え続けたように見えました。

　増え続けたカゴは、気がつけば、床に並べると畳6畳を覆い隠してしまうくらいの量となっていたのです。「捨てるよ？」彼女の同意を得てカゴとその他のガラクタを処分しました。

　その他のモノでは、私にはガラクタに見えたモノのほとんどを、彼女はキープしました。何度か、「本当に必要なの？」と問いかけると、「使っていないけど、とっておきたい」というので、そのようにしました。
　まあ、私の思い通りのタイミングやカタチではないけれども、彼女にとって必要なタイミングとカタチで必要な行動がとられるだろうと信頼して、彼女の自宅を後にしました。

　数日後、彼女から電話がかかってきました。断捨離をしたらすっきりして、頭痛や肩こりや咳がピタリと止まり、体調が劇的によくなったといいます。もちろん、物理的に埃や菌がなくなり、光が差すようになれば、体調がよくなるのは当然でしょう。

そして、心もすっきりして、何かが吹っ切れたといいます。

私が去った翌日、ふと我に返り、「いったい私はなんでこんなものをとっておくのだろう？」とあらためてモノと向き合い、結局キープしようとしていたものすべてを捨てたそうです。

その翌日にはきちんと上司と向き合ってコミュニケーションをとり、円満に仕事を辞めることができました。

その後彼女はもともと計画していた土地に引っ越し、独立します。苦労はありますが、自分が納得して選択した道なので後悔はないようでした。そして、先日、彼女から初の個展の案内が届きました。実に感慨深いものがありました。

個展は盛況でほとんどの作品が売れたと報告が入りました。

ついに彼女は誰かのためではなく、彼女自身のための人生を歩み始めたようです。

おわりに

「自然から離れると病気に近づく」
西洋医学の父、ヒポクラテスの言葉です。
日々、臨床現場で患者さんと向き合うにつれ、なるほど真実味を帯びてくる言葉です。
自分らしさ（自然な状態）から離れてしまうと、病気になる。多くの患者さんは自分より世間や他人を優先していることが実に多いのです。「自分がどうしたいか」ではなく、「他者や世間から見てどうか」という軸で人生を歩んでしまうのです。
やがてストレスが溜まり、臨界点を超えるような状態で病気の症状が出はじめます。

私の師である、カール・サイモトン医師が、「病気は自分の本性にかえることを促すメッセンジャーである」といいました。失ってしまった自分軸をもう一度取り戻してくださいというメッセンジャーです。
家が病んだ状態も、身体や心が病んだ状態も一緒。ガラクタが堆積して病んだ部屋もまた、メッセンジャーです。何かバランスを崩していますから、取り戻してくださいというサインだということです。

そのメッセージに従って自分の本性にかえるのに最も大切な姿勢は、「優しさ」。厳しさではなく、優しさをもって自分の本性にかえる＝自分軸にかえることが大切です。
　自分で自分をケアするする姿勢です。そしてケアとは愛情と敬意をもって接するということ。また、自分らしさを取り戻すのに、みちしるべにすべきは「喜びや幸福感」で、いったい自分はこの人生に何を欲しているのかを明確にしながらそれを満たしていくことだといえます。

　「私は幸せな人生を送ってよい」と自分に許可をあたえる姿勢で、そのことに関係のないものはどんどん削ぎ落していく。このような姿勢で、自分自身を満たして生きてきた人というのは、いつ死んでもいいという準備ができていて、穏やかで安らいだ死を迎えることが多いのです。
　我が人生に悔いなし、という状態でしょう。
　生に執着する人というのは、自分が人生に求めるものを満たしていないので、まだ死にきれないという思いがあるのでしょう、死も苦しみをともなったものになりがちなようです。

　どうやら、人生の卒業式である死をどのように迎えるかは、「その人がどのように生きたか」と同じことであるようです。

　人生を振り返って最も感謝することは何かと尋ねると、患者さんの多くが「この世に生を受けたこと、そのもの」と答えます。逆に最も後悔したことは「自分の気持ちに素直に生きなかったこと」といいます。

もう一度人生を送りなおすことができるとしたら、今度の人生で最も大切なことは何かと尋ねると「今のような暮らしの中で、もっと自分自身に正直に生きていきたい」という声が大多数です。

　この患者さんたちからのメッセージは示唆に富んでいると思います。私たちの人生で、真に大切なものというのはそんなに多くないのです。ましてやモノなどそんなに必要ありません。

　自分が人生の卒業式に携えていたいものは何か？
　愛する子孫や地球に残したいものは何か？
　日々意識して、与えられた今日この日を大切に生きたいものです。

付録
こんな考えが浮かんだらどうする？
健全思考になるためのヒント集

断捨離しようとしてプレッシャーを感じたら……

NG	OK！
断捨離をするからには、一気にすべてをやらなければいけない	一気にすべてをやる必要はない。少しずつ徐々に取り組んでよい。自分に合わせて行なうことが大切
やるからには完璧にやらなければいけない	完璧にやる必要はないし、そもそも「完璧」というものはない。自分らしく取り組むことが大切
断捨離をするなら、急いでしなければならない	急ぐ必要はなく、自分自身のペースを尊重して行なえばよい
どうせできないに決まっている	できないとは限らないし、チャレンジしてみないとわからない。必要であれば助けを求めてもよい
自分にはもともと片づけの能力がない。片づけができない人間はダメな人間だ	必ずしも片づけの能力がないわけではないし、片づけられないからといってダメな人間ではない。今は効果的な方法を学び能力をつける過程にいる。私にも片づけることは可能
変化を起こすことは可能かもしれないけれど、私には無理	私にも変化を起こすことは可能。今、変化の過程にいる

モノを「捨てる」ときに罪悪感をもってしまったら……

NG	OK!
使えるモノは、たとえ溢れて邪魔になったとしても取っておかなければいけない	必ずしも使えるからといって取っておく必要はない。溢れて邪魔になったり、大切にできないモノは手放してもよい
モノを捨てることは、モノをムダにすること	モノを捨てることは、必ずしもモノをムダにすることだとは限らない
モノを大切にするということは、すべてのモノを取っておくということ	すべてのモノを取っておくことがモノを大切にしていることだとは限らず、感謝して使うことが大切にするということ
モノを捨てる私は薄情な人間だ	モノを捨てるからといって薄情な人間なわけではない。私は苦しみもわかり、モノや相手に対して真摯に向き合う思慮深い人間だ
モノを捨てたら苦しみ続けるだろう	モノを捨てたからといって苦しみ続けるとは限らず、逆にすっきりする可能性がある。むしろこれまでモノが堆積していることで、すでに苦しんできている
モノを捨てることは罪なこと	自分を苦しめるモノを手放すことは決して罪なことではない。楽になってよい
モノを捨てることはもったいないこと 絶対に捨ててはいけない	捨てることがもったいないことではなく、モノを慈しまないことがもったいないこと。ただ取っておけば大切にしているというものではない

過去のモノへの執着心が出てきたら……

NG	OK!
モノを捨てることは、思い出を捨てること	モノを捨てることは決して思い出を捨てることではない。モノがなくても思い出は私の心の中にきちんと残る
モノを捨てることは、過去を否定すること	モノを捨てることは決して過去を否定することではない。過去の思い出は心の中にきちんと大切にしまっている
これらを捨てたら過去を思い出せなくなる	捨てたからといって思い出せなくなるわけではないし、モノがなければ思い出せないような思い出はさほど重要ではないかもしれない
生きた証がなければ価値のない存在になる	モノで生きた証を残す必要はない。証があろうがなかろうが、私は価値ある存在

未来への不安を感じたら……

NG	OK!
いつか使う日がくるから、すべてのモノをとっておかなければいけない	使う日がくるとは限らない。現にほとんどのモノは使う日が来ていないから増え続けている。すべてのモノを取っておく必要はなく、最低限持っていればよい
今手放したら二度と手に入らない	未来に二度と手に入らないとは限らない
これらのモノがなかったら、生活は機能しなくなるに違いない	これらのモノがなくても生活はそれなりに機能する。必要であればまた入手すればよい
これらにとって代わるものはない	これらにとって代わるものも十分ある
モノを手放したら私を幸せにしてくれるものはない	これらのモノ以外にも私を幸せにしてくれるものはたくさんある。今からそれらを見つけることもできる
これらを捨てたら取り返しのつかないことになって、後悔するに違いない	後悔するとは限らない。たとえ後悔しても対処できるし、これまでもそうしてきている。むしろ、モノを溜め込み過ぎたことをすでに後悔している
必要なモノを捨ててしまい、困るにちがいない	必要なモノを捨てるとは限らない。万一捨ててしまったとしても、人生に取り返しがつかないわけではなく、対処はできる

もらったモノについて迷ったら……

NG	OK!
もらったモノを捨てることは、くれた相手を捨てること	もらったモノを捨てることは、相手を捨てることではない
相手からもらったモノを捨てる私は、人間関係を大切にしないダメな人間だ	モノをとっておかなくても、私は相手を大切にする人間だ。モノをとっておくことで人間関係の良好さを証明する必要はない
私は相手の気持ちを無にしている	私は相手の気持ちは大切に受け取っている
モノをとっておくことにこそ意味がある	モノを通じて、互いを思いやる気持ちを交わすやりとりにこそ意味がある。モノ自体はその媒体で副次的なもの
モノを捨てたと知ったら、くれた相手が悲しむ。相手が悲しんだら私の責任だ	相手が知るとは限らず、知ったとしても悲しむとも限らない。あげたことすら忘れている可能性もある。また、感情はその人の問題であって、私がすべての人の感情の責任をとることはできない
もらったモノを捨てたら人間関係が崩れる	もらったモノを手放したからといって、必ずしも関係が崩れるとは限らない。たとえ関係が崩れたとしても、モノのせいとは限らない
関係が崩れたら修復できない	関係が崩れるとは限らないし、たとえ崩れたとしても修復は可能
モノを見ると不快な気持ちになるが、我慢しなければいけない	不快な気持ちを我慢する必要はない。相手も不快に思われ続けたいはずはない

🌿 自分のアイデンティティーについて迷いが出たら……

NG	OK!
持っているモノが私の価値。これらのモノがなければ、人に自分の価値を証明できない	私の価値は所有物で決まるのではない。モノで自分の価値を証明する必要はない。周囲もモノで評価しているとは限らず、たとえ評価していたとしても、それは質のよい人間関係とはいえない
モノが多いほど価値がある（または成功の）証拠	モノの量が価値あることの（あるいは成功の）証明ではない
これらのモノがないと、私は無能な人間になる	これらのモノがなくなったからといって、私が無能な人間になるわけではない。私には必要な能力が備わっている
これらのモノを身につけていないと、私の魅力がなくなる	これらのモノを身につけていないからといって私の魅力がなくなるわけではない。何を身につけていようがいまいが、私は私として魅力ある存在だ
これらのモノを手放したら、コンプレックスを隠すことができない。人に比べて劣る存在になってしまう	モノを手放したからといって、コンプレックスを隠せないとは限らないし、コンプレックスを隠す必要もないかもしれない。人に比べて劣る存在になるとは限らず、そもそも私は唯一無二の個性を備える存在で比べる必要もない

人間関係に不安を感じたら……

NG	OK!
常にいい人でいなければいけない	いい人を演じる必要はない。なぜなら私は生まれながらにしていい人間だから
いつも他人に合わせなければいけない	必ずしもいつも他人に合わせる必要はない。自分自身に合わせることが大切
みんなに好かれなければいけない	みんなに好かれる必要はない。そもそもみんなに好かれることは不可能。大切なのは自分自身が自分を好きになること
自分のニーズを満たすのはわがままなこと	自分のニーズを満たすことは人生の目的（幸福）に通じることで、必要なこと
自分のニーズを満たしてばかりいたら、人に迷惑をかける	自分のニーズを満たすことで人に迷惑をかけるとは限らないし、相手のニーズをも理解し、それを満たすことの大切さがわかるようになれる
私は相手の感情を害してしまうだめな人間だ	相手の感情はその人の考え方の問題であって他人がコントロールできるものではない。本人のみが責任をとれるのであって、他者が責任をとるのは不可能
他者の私に対する評価は真の評価だ。常に他人の評価を得るようにしなければいけない	他者の評価はその人の好みや都合の評価であって、私の真の評価とは限らない。私の真の評価は私自身のみが知り得るもので、自分が自分を評価してあげることが大切
失敗してはいけない	人間は失敗を免れない存在。その失敗から学ぶ姿勢が大切

家族のモノに対してイライラしてしまったら……

NG	OK!
家族全員が協力してくれない限り、断捨離できない	家族が協力してくれるに越したことはないけれど、自分一人で実践したとしても機能する。また、楽しく行なっているうちに、家族がつられる可能性も十分ある
家族のモノのせいで家が片づかない	必ずしも家族のモノだけのせいだとは限らない。自分のモノを含め、手をつけられるところはたくさんある。そこからはじめればよい
家族は断捨離の価値を理解してくれない	理解してくれないとは限らない。私の望むかたちではないにしろ、相手なりに理解することができる。大切なのは周囲がどうであれ、私が私にとって必要なものの価値を理解すること
伝えたいことは、どうせ伝わらない	伝わるときもあれば、伝わらないときもある。伝えてみないことにはわからない。効果的なコミュニケーションを学び、伝えたいことを伝えることは可能
家族はガラクタばかり集めている。捨てるべき	私から見てガラクタでも、必ずしも家族にとってガラクタだとは限らない。相手から見てガラクタが私にとって大切なものであることがあるのと一緒。それぞれの価値を尊重することも、家族として大切なこと
家族のモノが片づかないとくつろげない	家全体でなくとも、くつろげる場所を一箇所つくって、そこでくつろぐことは可能

子供のおもちゃを捨てることに不安を感じたら……

NG	OK!
他の子と同じくらいおもちゃを持っていないとみじめだ	おもちゃの数で幸・不幸かがきまるものではない。おもちゃの数が少なくても幸せを感じることはできる
たくさんのおもちゃを買ってあげないと創造力が育まれない	たくさんのおもちゃがなくても、子供には十分創造力があり、むしろゼロから遊びを創り出す能力を発揮する
おもちゃを与えないと、遊ぶことができなくなってしまう	おもちゃがなくても子供は遊ぶ能力をもっている。身のまわりにあるものを遊び道具に変える力を本質的に備えている
おもちゃを与えることは教育上不可欠	おもちゃではなく、「遊び」を与えることが教育上大切なこと
おもちゃを捨てることは子供を傷つけること。私は親失格	おもちゃを捨てることは必ずしも傷つけることではなく、子供に取捨選択の学びの機会を与えること。私は子供の幸せを真に願うよい親
子供の思い通りにしてあげることが親の役割	子供の思い通りではなく、子供にとって必要なものを必要なかたちとタイミングで与えることが親の役割
私が片づけられないのに、子供が片づけられるわけがない	私は片づけを学ぶ過程にいる。子供はその私を見て学ぶことができるし、片づける能力を育むことができる
子供に必要なのはたくさんの知識とモノ	子供に必要なのは智慧と愛
モノを与えることで愛を証明しなければいけない	モノを与えなくても愛を伝えることはできる
私は子供を愛せないダメな親だ	私は子供の思い通りに子供を愛さないかもしれないが、それでも私なりに誰よりも我が子を愛するよい親だ

遺品を捨てるときに罪悪感をもってしまったら……

NG	OK!
遺品を捨てることは故人の意を無にすること	遺品を捨てることは、必ずしも故人の意を無にすることではない。故人も生前捨てたいのに捨てられなかったモノもある
遺品を捨てることは故人を捨てること	遺品を捨てることはモノを捨てることであって故人を捨てることではない
遺品を捨てたら故人は悲しむ	故人が悲しむとは限らない。むしろ遺族が遺品で悩まされることを悲しむかもしれない。遺族が豊かに楽に生きることを喜ぶだろう
遺品を捨てたら故人を偲ぶことはできない	遺品があろうがなかろうが、故人を偲ぶことはできる
遺品を捨てることは故人の思い出を捨てること	遺品を捨てることはモノを捨てることで、思い出を捨てることではない。モノがなくても思い出は大切にできる
遺品を捨てたら故人とのかかわりが断たれる	遺品を捨てても故人との絆を保つことはできる
死は永遠の別れ。故人の生きた証をモノでとっておかなければいけない	死は永遠の別れとは限らない。たましいとして存在し関わり合うことは可能。またいつか会える

付録 ● 健全思考になるためのヒント集

もう、モノに依存しない！
断捨離前に準備したいものと、
知っておきたいこと

喜びリスト
- 自分の人生に深い喜びや幸せをもたらしてくれるもの最低5つをリストアップ
- ▶モノがなくても幸せに生きることができることを確認

セルフイメージの確認
- 断捨離をした後の自分自身のイメージの絵
  ※絵が苦手な人は文章やコラージュのような切り抜きでもOK！
- ▶手放すのに迷うモノは、描かれたセルフイメージに関係があるのか確認（絵のような自分になるのに、これらは役立つ？）

アファーメーション
- 自分の人生をよりよくするための信念を強化する

ご褒美（断捨離の目標を達成したときに自分に与えるもの）
- 例（手軽なものから順に）：お茶やスイーツ、映画や音楽鑑賞、外食やドライブ、小旅行など
- ▶断捨離の達成ラインを細かく決めて、その都度自分自身にご褒美を与える

5つの質問

（捨てられない理由が頭の中を占めてきたら）その考えは……

- 明らかに事実に基づいている？
- 私の命や健康を守ってくれる？
- 私の大切な目標達成に役立つ？
- 私の問題や悩みを解決するのに役立つ？
- 私を好ましい気分にしてくれる？

健全思考になるためのヒント集

- 捨てられない理由が出てきたときにパッと開く

究極の質問

- 人生を振り返って、心から感謝できることは？
- 人生を振り返って、心から後悔することは？
- もう一度人生を送ることができるなら、真に大切なことは？

断捨離ライフを維持するために

- 気分がよくなるものリスト（より多くの時間を過ごすようにする）
- 気分が悪くなるものリスト（できる限り時間をとらないようにする）

叡智にゆだねる

- 「すべてはうまくいっている」と信頼する

思い通りのことが、思い通りのかたちやタイミングで訪れなくても、必要なことが、必要なかたちとタイミングで訪れる。

私たちそれぞれの課題と成長のために……

参考文献

「断捨離セミナーテキスト」やましたひでこ著

『断捨離のすすめ』(川畑のぶこ著/同文舘出版)

『新・片づけ術　断捨離』(やましたひでこ著/マガジンハウス)

『サイモントン療法』(川畑伸子著/同文舘出版)

『認知療法―精神療法の新しい発展』(アーロンT．ベック著、大野裕訳/岩崎学術出版社)

『Compulsive Hoarding and Acquiring Therapist Guide』(Gail Steketee, Randy O. Frost, Oxford University Press)

『Overcoming Compulsive Hoarding』(Fugen Neziroglu,Ph.D. Jerome Bubrick, Ph.d., Jose A. Yaryura-Tobias, MD/newharbinger publications, inc.)

『Rational Behavior Therapy』(Maxie Maultsby MD/Englewood Cliffs)

『Influence of Childhood Overindulgence on Young Adult Dispositions Executive Sumary: Study 2』(David J. Bredehoft, Ph.D./ http://www.overindulgence.info)

『Process Therapy Model』(Taibi Kahler Ph.D., Taibi Kahler Associates, Inc.)

「断捨離」は登録商標です。個人的な体験の発信は自由ですが、商業・営業目的が伴う場合、やましたひでこの許可が必要です。

著者略歴

川畑のぶこ（かわばた　のぶこ）

心理療法家。東京生まれ。米国マサチューセッツ州エンディコット・カレッジ卒業（AA）後、経営コンサルティング会社、貿易会社勤務を経て、米国にて通訳・コーディネーターとして独立。通訳の仕事を通じて心理療法に出会う。2002年に日本帰国後、都内を中心とした複数の医療機関において、がん患者や家族のメンタルケア、および心の悩みやストレスを抱える人々に対して日々カウンセリングを行なう。その他、患者会の指導、セラピスト養成研修の指導、医学部での講義、一般市民向けの講演・講義を全国各地にて行なう。「断捨離」を自ら実践し、メンタル面へ及ぼす影響を認識したことから、「断捨離」メソッドの普及にも取り組む。
著書に『断捨離のすすめ』（同文舘出版）がある。
所属学会：日本心身医学会、日本サイコオンコロジー学会、日本予防医学会

序文執筆者略歴

やましたひでこ

クラターコンサルタント。石川県在住。早稲田大学文学部卒業。
学生時代、ヨガ道場に入門。そこで、心の執着を手放す行法哲学として、断行・捨行・離行を知る。その後、知行合一を目指し、誰もが実践可能な整理術「断捨離」として応用、提唱。
日常に落とし込んだ「断捨離」メソッドを、住まいのガラクタ、頭や心の中のガラクタを取り除くための「断捨離セミナー」として、全国各地で展開。当初は主婦層がメインだったセミナー受講者は年々広がり、男性も含め、会社員、学生など幅広い層から支持されている。著書に『新・片づけ術 断捨離』（マガジンハウス）、『ようこそ断捨離へ』（宝島社）、監修に『断捨離セラピー』（青春出版社）、『断捨離のすすめ』（同文舘出版）がある。
やましたひでこ公式サイト「断捨離.com」http://www.yamashitahideko.com/

片づけすれば自分が見える　好きになる
断捨離　私らしい生き方のすすめ

平成22年11月29日　初版発行
平成22年12月1日　2刷発行

著　者 ──── 川畑のぶこ
序文執筆者 ─ やました　ひでこ
発行者 ──── 中島治久

発行所 ──── 同文舘出版株式会社
　　　　　　　東京都千代田区神田神保町1-41　〒101-0051
　　　　　　　電話　営業03（3294）1801　編集03（3294）1802
　　　　　　　振替00100-8-42935　　　http://www.dobunkan.co.jp

©N.Kawabata ／ H.Yamashita　ISBN978-4-495-59141-0
印刷／製本：萩原印刷　Printed in Japan 2010

仕事・生き方・情報を **DO BOOKS** **サポートするシリーズ**

あなたのやる気に1冊の自己投資!

モノを捨てればうまくいく
断捨離のすすめ

やましたひでこ監修
川畑のぶこ著／本体 1,300円

収納より大切なモノの捨て方・片づけ方がわかる、断捨離本の第1弾! ガラクタをひとつ捨てるだけで、片づかない部屋、忙しすぎる毎日、面倒な人間関係など、停滞していたことがどんどん回り出し、なぜか"いいこと"が起こり出す! 全国各地でダンシャリアン(断捨離実践者)が急増中!

ビジネスパーソンのための
断捨離思考のすすめ

田﨑正巳著／本体 1,400円

強い企業、できるビジネスパーソンは「断捨離思考」を持っている! 自らの強みを生かせる分野に力を集中させ、それ以外のことはやらない、捨てる。そして主体的に考え、選択する断捨離思考を、豊富な事例でわかりやすく学べる1冊。

同文舘出版

本体価格に消費税は含まれておりません。